社会工作抗疫丛书

要发挥社会工作的专业优势，

支持广大社工、义工和志愿者开展

心理疏导、情绪支持、保障支持等服务。

习近平

2020年2月23日

社会工作抗疫丛书

献给

在那段不平凡的日子里

发挥专业优势、参与疫情防控的广大社会工作者

国家出版基金项目
NATIONAL PUBLICATION FOUNDATION

丛 书 组 编 中国社会工作教育协会
丛 书 主 编 马凤芝
丛书执行主编 沈 黎

社会工作抗疫丛书

疫情丧亲者的哀伤辅导
社会工作实务

任敏 编著

華東理工大學出版社
EAST CHINA UNIVERSITY OF SCIENCE AND TECHNOLOGY PRESS
·上海·

图书在版编目(CIP)数据

疫情丧亲者的哀伤辅导社会工作实务/任敏编著.—上海：华东理工大学出版社，2023.12
(社会工作抗疫丛书/马凤芝主编)
ISBN 978-7-5628-7036-4

Ⅰ.①疫…　Ⅱ.①任…　Ⅲ.①新型冠状病毒-病毒病-心理疏导-社会工作-研究-中国　Ⅳ.①R395.6

中国国家版本馆CIP数据核字(2024)第002220号

策划编辑 / 刘　军
责任编辑 / 章斯纯
责任校对 / 金美玉
装帧设计 / 徐　蓉
出版发行 / 华东理工大学出版社有限公司
地址：上海市梅陇路130号，200237
电话：021-64250306
网址：www.ecustpress.cn
邮箱：zongbianban@ecustpress.cn
印　　刷 / 上海雅昌艺术印刷有限公司
开　　本 / 890 mm×1240 mm　1/32
印　　张 / 4.875
字　　数 / 116千字
版　　次 / 2023年12月第1版
印　　次 / 2023年12月第1次
定　　价 / 40.00元

内容提要

本书通过对哀伤辅导相关理论、原则、过程、技术的梳理，结合社会工作者在疫情中所碰到的丧亲哀伤案例，生动、形象、具体地向读者阐述了社会工作者应如何为在疫情中丧失亲人的案主提供哀伤辅导。本书还结合大量事实前瞻性地对医务工作者、社区工作者在抗击疫情过程中所表现出的同情疲劳现象进行解读并提供系统的解决方案，助力社会工作者、医务工作者、人民群众在抗击疫情过程中助人自助，走向生活正常化。

社会工作抗疫丛书

主编序言

2020年年初，突如其来的新冠疫情横扫中华大地。此次疫情百年未遇，波及范围广泛。在疫情突发、全国人民齐心协力抗击疫情的日子里，中国社会工作教育协会和全国社会工作专业院校的师生经历了个人生活与专业实践整合、个人生活与国家社会命运联结的一段特殊又非凡的岁月。总结那些日子社会工作参与疫情防控工作的实践经验，对发挥社会工作在应对突发疫情时和疫情防控工作中的角色功能，完善突发社会公共卫生事件应急治理体系，以及提升国家治理能力具有重要意义。

一、坚守社会主义核心价值观和社会工作伦理，迅速行动，主动作为担当

新冠疫情发生伊始，中国社会工作教育协会在第一时间就发出了倡议，号召社会工作专业参与疫情防控，号召会员单位、社会工作专业师生积极行动，发挥社会工作专业的独特作用，根据自身情况，以各种方式参与到疫情防控工作中。同时，中国社会工作教育协会提出了组织高校社会工作专业师生参与疫情防控工作的原则，并做了具体的工作部署。

第一，社会工作专业要积极行动，承担专业责任。有关高校要积极响应习近平总书记和党中央的号召，发挥社会工作专业的独特功能，在积极参与国家重大事件中彰显专业能力，承

担专业社会责任。

第二，明确提出在党和政府统一领导下工作的原则。社会工作专业参与疫情防控工作，要主动寻求党和政府指导，在党和政府统一指挥下，积极建言献策，提供社会工作专业服务。

第三，提出了社会工作服务的模式和初步设想。社会工作专业师生参与疫情防控工作，要在地方民政部门和卫健委协调下，建立社会工作联合服务组织和网络平台，统一发布信息，统一调配资源和人手。

第四，提出了社会工作参与疫情防控工作的重点领域和服务内容。在疫情防控中，社会工作专业重点服务社区和医疗场所两个场域。社会工作专业部门要积极联合民政部门和卫健委，在当地民政部门和卫健委的部署领导下，为医护人员及其家属提供减压服务，为病患及其家属提供心理和情绪疏导服务，为社区工作者提供培训和支持服务，宣传社区疫病预防知识，关注社区弱势群体需要并提供相应服务。此外，社会工作专业部门要在志愿者服务培训方面开展专业服务。

为组织协调疫情防控工作，中国教育协会成立了中国社会工作教育协会社会工作参与疫情防控工作小组，副会长和副秘书长分工负责各片区相关工作，组织和协调全国高校社会工作专业师生、会员单位参与疫情防控工作。在中国教育协会的号召和组织下，各高校社会工作专业师生和会员单位积极行动，发挥社会工作专业的独特作用，以各种方式参与了抗击疫情工作。

二、 用专业知识服务疫情防控工作

在疫情防控工作的第一阶段，在社会工作机构和社会组织行动起来的情况下，迫切需要对疫情防控工作中的社会工作专业服务规范做好指引，以保证社会工作服务品质和对社会需求的有效回应。为打好打赢这场没有硝烟的疫情防控人民战争，中国社会工作教育协会第一时间召集 11 所高校的社会工作专家学者编写了《社会工作参与新型冠状病毒肺炎疫情防控工作实务指引》（以下简称《指引》），他们在两天时间内完成了编写任务，第三天就在中国社会工作教育协会的“社工抗疫之声”公众号上发布，供全国社会工作机构和基层社区工作者使用。此《指引》不仅对指导会员单位参与疫情防控工作发挥了作用，还指导社会工作师生专业规范地回应社会需要，为灾区群众提供服务，更为社会工作机构和社区工作者参与疫情防控提供了及时的专业服务指引，得到了业内广泛好评。随着疫情的变化及前线的试行使用，我们也不断地对《指引》进行了补充和完善。

在新冠疫情防控的关键时期，习近平总书记要求把人民群众生命安全和身体健康放在第一位，制定周密方案、组织各方力量开展防控，采取切实有效措施，坚决遏制疫情蔓延势头。为了传播社会工作疫情防控的理论和方法、链接资源、沟通消息、对公众进行疫情防控知识宣传教育、预防社会问题的发生，中国社会工作教育协会设立了“社工抗疫之声”微信公众号，以此为阵地，在线上及时发布面向一线社区工作者、专业社会工作机构、社区志愿者、社区居民等群体的社区抗疫防疫的相关知识和信息。从 2020 年 2 月初到 5 月，“社工抗疫之声”微信公众号累计发文 200 余篇，阅读量达 10 万余人次。根据疫情防控工作的需要，中国社会工作教育协会的服务水平不断提升，实现了从线下到线上，从社区到家庭和个人，从公众教育到丧亲者的哀伤辅导与家庭复原和社区防疫力抗疫力建设的飞跃。为了给前线社会工作者、社区工作者和志愿者提供支持，中国社会工作教育协会特别设计、组织开设了社会工作参与新冠疫情防控在线课程，通过直播、录播、沙龙、论坛等多种形式，依据抗疫一线工作人员的情况反馈，针对社区抗疫情况不断增设培训课程，为全国社会工作者、社区工作者和志愿者提供服务指引课程、线上服务模式课程、危机干预以及专门的哀伤辅导课程。截至 2020 年 5 月，在民政部慈善与社会工作司的指导下，中国社会工作教育协会开播了 13 个系列的公益性社会工作疫情防控专题课程，课程总时长近 120 小时，学习者超 8 万人次，受到社会各界的认可和好评，发挥了社会工作教育为前线社会工作参与疫情防控提供专业支持的作用。

2020 年 2 月 23 日，习近平总书记出席统筹推进新冠肺炎疫情防控和经济社会发展工作部署会议并发表重要讲话，他特别指示："要发挥社会工作的专业优势，支持广大社会工作者和志愿者开展心理疏导、情绪支持、保障支持等服务。"习近平总书记的话是对全国社会工作者参与疫情防控工作的鼓励和肯定。

三、 专业精准评估，科学施策服务

社会工作参与疫情防控工作，有一定的理论支撑，有一套方法技术，其在疫情防控各阶段对个人、家庭、社群的社会需要的回应及其专业服务，涵盖了从宏观社会政策倡导到微观社群服务等方面。

新冠疫情的影响范围是全国性的，波及全国范围内的社区、家庭和个人，对社会经济运行和人民生活产生了严重影响。国内外的历史经验表明，如果一个国家在发生重大社会公共卫生事件时救灾和响应机制不完善，应对出现重大失误，就有可能引发社会动乱，甚至影响到整个国家的稳定。突发疫情对整个社会提出的问题是：疫情防控期间如何组织社会生活？如何预防疫情连带而来的社会问题的出现？为了预防和解决诸多社会问题，社会工作应当为社区、家庭、个人提供什么帮助，以满足疫情防控状态下的特殊需要，保证社区、家庭和个人与社会间良好的社会联结，进而保持社会秩序稳定，使人们保持身心健康？

新冠病毒传播异常迅速，波及范围广泛，造成了巨大的伤痛。疫情暴发初期，社会工作专业教育者所具备的“专业敏感”告诉我们，此时社会工作需要即刻行动，回应因疫情产生的社会需要，这主要基于专业的预见和判断：第一，由于疫情防控需要所采取的各项措施在保护生命的同时，将对社会经济运行和人民生活产生严重影响，因此需要对公众进行疫情防控知识宣传和教育，关注公众的社会心理反应。第二，要关注社会弱势群体的需求满足和因其脆弱性而产生的问题，因为突发的社会公共卫生事件对不同社会成员的影响是不同的。社会弱势群体，在具体的社区封控期间的就医、信息掌握、资源获取、能够获得的社会支持网络的质量和数量，以及与社会的联结形态等方面，与其他社会成员相比大都有所不同，其所拥有的金钱与物质保障也不同。社会工作者要对这些群体及时进行需求评估，并且制定好预防问题发生和解决问题的方案。

突发的疫情和疫情防控工作的特殊性对传统社会工作服务

提出了挑战。全国各地都有不同的服务需求，特殊时期的服务方式与之前的危机干预社会工作有很大不同。为回应需要，除线下服务外，中国社会工作教育协会依托各专业委员会，根据疫情防控工作的进展，先后组织建立起十多支协会统一领导的服务工作队伍，有计划、有针对性地开展疫情防控社会工作服务和研究，形成了线上远程跨区域服务模式、线上下沉社区服务模式、线上远程国际社区服务模式等创新性的服务模式。

疫情防控是全民共同参与的总体战、阻击战，是一项“系统工程”，每个环节都不容忽视。打赢疫情防控战，有两条关键战线：一是医疗战线，即医生治病救人；二是社区战线，即人们居家阻断传染链。因此，医院和社区成了社会工作重点服务的领域，而社区防控工作成效直接影响着疫情防控战的成败。

居家防疫状态下，社区成了一个封闭的小社会，所有的社会生活需求都要在社区中得到满足，各种原本潜在的个人、家庭、邻里间的问题和矛盾同样可能因封闭的环境而集中显现，满足人们需要的资源因疫情防控等特殊条件会捉襟见肘，由此形成社区需求与回应需要满足能力间的聚集性张力。人们在疫情防控这种特定情境中生活，围绕家庭成员患病和治疗所产生的紧张、焦虑，会带来个体的“心理健康”问题，人们会因生活不便而产生不满甚至愤怒情绪。上述所有问题集中呈现，便形成了对社区工作的“挤兑”，稍有不慎就会激化出不可收拾的矛盾，这些也考验着社会和社区的治理能力。此时社会工作者需要即刻行动，回应因疫情而产生的社会需要，服务社区、家庭和个人。第一，服务社区。关注每个人、每个家庭，给社区中弱势群体以关怀，特别是关注弱势群体的需要满足和服务，包括独居老人、留守儿童、残疾人以及低收入家庭等，使他们的生活不因信息和物资匮乏而受困。第二，支持在疫情下负重“逆行”的社区和各部门工作者、志愿者开展服务工作，对这些人进行社区工作方法和技能培训，使之为社区提供有效能的服务，防止因知识不足而导致工作疏漏。

四、从优势视角出发增能社区，以能力建设增强社区团结和社会联结

疫情防控是对社区治理能力的考验，既要有强大的行政工作力量组织起有序的社区生活，又要有精细化的社会工作力量去满足社区居民需求并破解各种难题。专业的社会工作与行政性的社区工作目标一致、工作对象上有交叉点，但不等于行政工作。例如，在突发的疫情面前，社会工作专业以专业知识、价值评估疫情防控可能对社会经济运行和人们正常生活带来的影响，从提供满足社群需要的服务到为预防社会性问题发生而进行的公众宣传教育，从心理辅导、情绪支持到为弱势群体提供物质援助，致力于预防和解决问题，提升个人和社区解决问题的能力。其背后是社会工作以人为本、尊重和重视人的价值基础和专业工作理念。

第一，以人际联结增强个人和社区的心理纽带和联结感，促进个人和社区的心理健康。

社会工作和心理咨询都强调处理疫情防控下可能产生的心理健康问题，都会教授人们通过自我情绪疏导法来缓解各种紧张和焦虑问题，都会从公众宣传教育入手，让每个人掌握与疫情防控有关的知识并获得安全感，以预防和消除恐慌、紧张和

焦虑等不良心理。但社会工作强调人与社会的联结是个人、社群心理社会功能良好发挥的前提条件，认为心理健康问题既是个体的问题，又与其所处的环境有密切关系；社会工作强调和关注社会结构因素、社会环境和社会脉络对人们生活的影响，注重个体与社会关系的状态，强调每个人良好的身心健康离不开良好的社会联结下的人际关系。为此，中国社会工作教育协会疫情防控社会工作的服务方案都强调关注弱势群体，特别是疫情中的独居老人、残疾人、留守儿童和低收入家庭，关注他们与社区的联系情况，重视消除社会排斥，以社区联结和人际纽带为个体和家庭增添力量，促进社区心理健康。在疫情防控中，社会工作注重评估了解社区资源和运用生物—心理—社会方法，并将此方法运用到我们的技能培训中，以支持服务对象、患者和社区。

第二，关注弱势群体需要，实现公平正义。

社会工作注重以人为本，关注疫情中弱势群体的社会处境。在突发疫情和公共卫生事件中，不同的社会阶层、不同的地理位置受疫情影响的状况不同。社会工作关注个体和社群与更广大社会系统的联结，消除不平等，防止在马太效应下脆弱人群的劣势积累。例如，疫情防控下边远贫困地区低收入家庭青少年停课期间是否因没有学习所需的手机或电脑而无法正常学习？在新媒体技术快速发展的背景下，对某些弱势群体不利处境的关注也是十分重要的议题。

第三，建设关怀社区，以社区凝聚力促进社区团结互助，提升社区抗逆力。

社区对个体来说蕴含积极的社会意义。“社区”包含两种情况，一种是指居住在同一地域上的社群，一种是指具有某种共同身份认同的功能社群。这两种社区结合在一起形成了人际关系网络。对于现代人来说，每个人既是所居住地域的一分子，又属于某一社会团体。“社区”具有以下特征：一是社区成员具有“感情联结”；二是“特殊主义”取向，不同于“公事公办”“不讲情面”的“普遍主义”取向；三是集体取向，认同整体利益和由此引发出的集体身份认同，以实现整体利益为出发点的“利他主义”行为和个人对集体的忠诚与投入。由以上特征发展出社区成员间基于“我们”认知上的归属感和认同感，并进一步发展出“社区意识”。社会工作强调社区应该被视为一个网络，包括非正式人际关系网络，在社区中每个人因为血缘联结、共同兴趣、居住地域、友情、工作等关系联结起来。网络内的各部分都发挥功能，以个人或集体的形式去回应他人的困境，帮助面对困境的人士。

疫情防控社会工作在社区中的工作方案和实务的目标是：第一，维持每个人的社区生活和社区联结，使生活在社区里的人们团结起来，具有归属感，建立友谊；第二，强调建立关怀社区，让家庭和社区积极参与疫情防控工作并为社区和邻里提供支援，建立有效的支持系统和网络，增强社区的团结互助，增强社区抗逆力。

第四，以优势视角助力社区能力提升。

社会工作关注每个人的身心健康。身心健康是个人乃至家庭和社区发挥良好社会功能的基础和条件。如前所述，社会工作能够清楚地评估和辨识出在疫情防控处境中可能出现的个体身心健康和社区问题，但社会工作解决问题的理念不同于单纯的心理咨询或心理辅导。社会工作对“心理健康”问题不做个人归因，而是将个人问题放到社会脉络中，认为需求未被满足是问题产生的原因，因而个人问题背后都有结构性的原因；将人们与社会、社区和家庭进行联结，而不是将问题简单归结于个人或者个人心理问题。社会工作并不是一味给予，而是做能力建设、能力提升。社会工作者相信，每个人、每个家庭和每个社区都存在资源，可以用于解决问题，克服困难，使其进步和成长。因此，在疫情防控中，人们需要团结，需要互相扶持，需要相互信任，也需要理解和包容。为社区增能，发掘、激发和调动社区资源，进行社区能力建设，是消除问题的根本之计。以社区为本的疫情防控社会工作强调从治理角度到服务意识的转变。在疫情防控中，如何让生活在同一个社区里的人意识到“我们在一起”的重要性，团结合作，理解包容，从而带给邻居、他人友谊和温暖，需要社会工作者对社区生活有充分的了解，也需要社会工作者更好地认识社区脉络、社会结构、人际联结、人际关系的重要性。

疫情防控社会工作服务方案包含对有需要的个人、家庭、社区及所涉及的各类人群的服务。社会工作者应采取以社区为本的策略，在社区中满足需求，化解矛盾，促进社区能力的提升，为疫情防控筑牢社区这道防线。围绕社区赋能的目标，中国社会工作教育协会组织专家力量，在2020年1月27日筹备完成并陆续实施了下述工作和服务：① 开展“2＋3”线上社区下沉抗疫服务；② 开展“隔离人员”线上社会支持服务；③ 进行医护人员及其家属心理社会支持服务；④ 进行社区工作者心理社会支持服务；⑤ 建立全国高校社会工作专家服务库；⑥ 组织成立社会工作者志愿服务团队；⑦ 建立资源和服务人员需求信息发布平台，以统一调配资源和服务；⑧ 建立与政府部门协调工作的渠道；⑨ 通过线上服务平台，招募资深社会工作者为医护人员提供线上心理疏导解压服务。疫情防控社会工作服务分布在全国各地，形成了多领域的服务模式，包括武汉市江汉区北湖街“2＋3”线上社区下沉抗疫服务项目，黄冈市新冠疫情防控服务项目，黑龙江省“1＋4 政社联动”新冠疫情社区防控社会工作支持项目，陕西省社会工作抗击疫情专业支持服务体系建设项目，天津市河东区抗疫情暖心医护人员支援服务计划项目，北京市社区守护者服务项目，湖北青少年、家庭和亲子服务项目，湖北地区养老院服务项目。

中国地域辽阔，人口众多，自然灾害频仍，疫情和突发公共卫生危机也考验着各级政府的社会治理能力。认真总结疫情防控中社会工作的实践经验，将社会工作纳入社会风险防控体系和常态工作中，是实现国家治理体系和治理能力现代化的重要举措。“社会工作抗疫丛书”既是中国社会工作教育工作者在疫情防控工作中的记录，又是对社会工作参与疫情防控工作的实践经验总结的成果，更是社会工作教育者知识传播、教育和知识生产角色与责任的体现。

社会是一个系统，其中的各部分相互影响。社会工作的专业功能在于帮助个人、群体和社区解决因一时或某种社会结构性障碍导致的社会功能失调，以及由此产生的困难和问题，通过专业方法进行公众教育，进而预防问题的发生，同时增强个人、群体和社区的抗逆力。从本质上说，社会工作是社会福利制度的操作化表达，社会福利制度的功能和作用通过社会工作的服务传递出去，以实现社会福利的制度目标。社会工作参与疫情防控工作，就是发挥社会工作作为社会福利制度传递系统的功能，对突发疫情中发生的公共危机和弱势群体的处境进行危机干预，发挥其社会稳定机制的作用。

谨以此文纪念那段不平凡的日子，为社会工作参与、完善疫情防控和突发公共卫生危机应急响应体系、提升危机防控和治理能力提供经验借鉴。

是为丛书序。

中国社会工作教育协会副会长兼秘书长
北京大学社会学系教授
马凤芝

2023年8月9日

前言

2020年春，新冠疫情暴发。新冠病毒感染（COVID-19）是一种急性传染性疾病，其病原体是一种先前未在人类中发现的新型冠状病毒，全球科学家一时之间束手无策。疫情暴发之后，感染人数和死亡人数不断攀升，丧亲人群的哀伤辅导需求逐步浮现出来——他们的哀伤需要抚慰。

2020年2月中旬，中国社会工作教育协会副会长兼秘书长，北京大学马凤芝教授委托我策划“疫情救助中的哀伤辅导实务课程”，邀请海内外专家学者共同参与，课程内容包括但不限于为社会工作志愿者传授专业知识、分享实务经验。于是，“行走的社工”团队应召而动，组织实施哀伤辅导系列在线公益课程，两期共计20讲。该课程自2月17日首次上线，截至4月3日结束，采取间日预告、隔日直播，直播次日出文字稿、上挂课程视频的统一流程。据相关数据统计，该专业课程直播＋录播回放截至2020年10月累计近8万人次。这个最初为回应“社工共振”线上抗疫社工团队的专业培训需求而策划的系列在线课程，不断拓展其培训人群，为疫情中丧亲家庭的哀伤辅导培训了一大批专业志愿者，取得了较大的影响和较好的社会效益。

哀伤辅导的专业出版物在国内，尤其在社会工作界尚为少见。为推进疫后丧亲家庭的救助工作，亦为了持续培养人才，中国社会工作教育协会决定将课程文字稿整理出版。此为其中一册《疫情丧亲者的哀伤辅导社会工作实务》。

特别感谢因仁心大爱来开展公益讲座的老师们！依据承担课程量及加入团队、授课时间先后顺序，在此列出各位前辈的名字。他们是：刘新宪（美国哀伤咨询系统注册哀伤咨询师）、程明明（上海大学社会学院）、卢建（新疆医科大学附属肿瘤医院宁养院）、孙瑛（上海交通大学医学院附属新华医院崇明分院宁养院）、张灵慧（复旦大学附属儿科医院）、苏细青（香港浸会大学社会工作系）、吕静淑（南通大学行政管理系）、钟佩怡（辅仁大学社会工作学系）、朱松林（上海市静安区心灵导航心理咨询服务中心）、赵然（中央财经大学社会与心理学院）。本册中编入了其中多位老师的讲稿。

感谢“行走的社工”团队“哀伤辅导”课程运行小组。我们共计 20 多人在整个课程期间，保持每日不断线的工作，保障了课程有序、平稳、持续推进。课程小组的构成主体是我在华中科技大学社会学院所带的社会工作硕士研究生和本科生，并扩展纳入社会爱心人士与志愿者，以及其他院校的社会工作专业同学（详见后记）。

感谢中国社会工作教育协会的大力支持，感谢沈黎老师多方居间协调，感谢郁之虹、沈黎、程明明、樊欢欢等老师引介课程专家，同时感谢通过朋友圈自荐加入的老师们。本书是社工界集体行动的结果，是中国社工积极参与抗疫的成果！

感谢课程的各个支持单位，特别感谢华东理工大学出版社对本书出版的大力支持。

新冠病毒肆虐，如把2020年的春天冻在寒冬里一般，哀伤辅导的课程致力于陪伴丧亲家庭渡过哀伤，开始新生活。在因新冠疫情而隔离的时日里，我们或因哀伤而结陪伴之缘，彼此重新得以走近，给予伤痛者以力量，亦促进关怀者的成长。

任敏

2022年6月

目 录

第一讲　疫情中哀伤辅导的原则、过程与技术

程明明[①]

本讲提供了一个哀伤辅导的基本框架，包括什么是哀伤，哀伤的原则、过程以及相关的辅导技术。在新冠疫情暴发期间服务在一线的助人者[②]，首先要了解哀伤辅导的一般性知识，再结合疫情中哀伤辅导的一些特殊情况，形成在疫情之下开展哀伤辅导的一个综合框架。

第一节　哀伤的概述

一、疾病进程与照护

当人们处于疾病或衰老直至死亡进程中的不同阶段时，助人者对其照护的方式也会有所不同。我们通常所说的哀伤辅导是在患者死亡后对家属的一种照护方式。然而，实际上，哀伤通常是伴随着疾病或衰老以及死亡进程就开始了，尤其当那些威胁生命的疾病被确诊时，患者家属不同程度的哀伤就会随之而来。

由图1-1可见，哀伤辅导是在安宁疗护，也就是临终关怀阶段结束后所提供的专业服务。它是安宁疗护的延续阶段，因此，也必定会受到安宁疗护阶段中各因素的影响。当前我们所倡导的安宁疗护，也会把哀伤辅导纳入，即预期性哀伤辅导，这有助于缓冲最后死亡带来的哀伤冲击。所以，哀伤辅导不是一个独立的阶段，而是与整个疾

---

① 上海大学社会学院社会工作系，副教授。

② 在本书中，不同的作者对提供帮助的人有不同的称谓方法，或为“助人者”，或为“关怀者”，或为“陪伴者”，其中“陪伴者”是对助人者或关怀者在哀伤辅导工作中更具体的表达。在不妨碍读者理解的情况下，为尊重各位老师的表达习惯，我们做了保留处理。对应地，书中各章对于被帮助对象，也有“来访者”“被关怀者”“被陪伴者”等不同称谓。

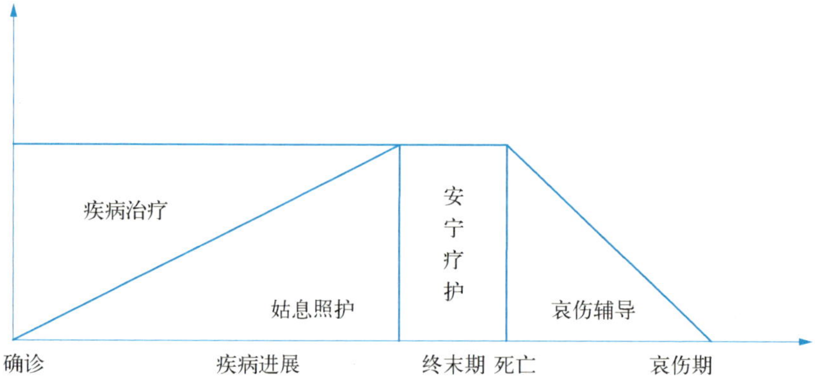

图 1-1 疾病进程与照顾

病、临终和死亡等议题紧密联系为一体的。

然而，新冠疫情中的特殊情况是，疾病和死亡并不是如图 1-1 中缓慢推进的，而是一种突发的、毫无准备的状况，很多逝者在临终阶段还没有来得及被关怀，或是临终时与其家属还有很多未尽事宜。总之，疫情之下的哀伤是一种突发的、复杂的情况，给患者家属带来的创伤程度普遍较高。

哀伤不同于创伤。创伤被学者沃登（Worden）分为三类：无丧亲的创伤、丧亲而无创伤和丧亲性创伤。其中，第三类最为严重。正如在这场突发疫情中，当亲人因烈性传染病在短时间内去世（突发的、未可预期的死亡），而其自身又面临多重危机，这样的情境无疑会给丧亲者的心理带来各种程度的创伤。当创伤与哀伤双至时，多数专家认为，在处理哀伤之前，必须先处理创伤症状。

二、哀伤的基本概念

在英文中，针对哀伤有 4 个较为关键的词。首先是 Loss，也就是丧失（事件）。事件发生之后随之而来的就是“丧亲之痛”，即 Bereavement。

这个词包含两个部分，即悲伤（Grief）和哀悼（Mourning），二者分别处理不同的任务，但也彼此交叉。悲伤是一种情绪和情感的表达，而哀悼表现为行为。通常情况下，哀伤是指在丧亲发生以后，丧亲者在多个层面所表现出来的一个整体性状况。当然，哀伤的持续时间和强度因人而异。有研究显示，大约有 40％的哀伤者、丧亲者在丧亲后一个月内符合重症抑郁的标准，大约有 15％的人在丧亲一年后还符合重症抑郁的标准。

三、 哀伤反应与过程

丧亲者在哀伤期可能经历一系列身心层面的不适感（见表 1-1）。当丧亲以应激事件发生时，通常是情绪先做出反应，然后身体上的不适症状随之出现。这些哀伤的症状在哀伤初期会比较明显，程度较高；若哀伤的情况比较复杂，则哀伤程度会更高。需要特别说明的是，哀伤程度不一定会随着时间的推移而减轻，这取决于丧亲者的特定情境及应对哀伤的能力等诸多因素。

表 1-1　丧亲者在哀伤期的多层反应

身体感觉层面	胃感到空虚、嗓子感觉肿胀、胸闷、胳膊痛、对噪音过度敏感、气短、无力、口干、失去协调性等
情绪层面	悲伤、愤怒、愧疚、自责、焦虑、无助、麻木、震惊、孤独、脆弱等，甚至产生人格分裂的感觉
认知层面	不信任、困惑、总感觉死者还在世、出现幻觉或梦到逝者等
行为层面	睡眠和饮食紊乱、注意力分散、社交减少、对从前的爱好失去兴趣、哭泣、害怕回忆、寻找、叹气、躁动、到逝者生前去过的地方或者特别珍视死者的遗物等
社会和精神层面	交际困难、工作出错、寻找生命的意义等

针对丧亲者对丧失的反应，博南诺（Bonanno）和卡尔特曼（Kaltman）提出了一个哀伤反应的轨迹模型（见图 1－2），有助于我们理解哀伤。

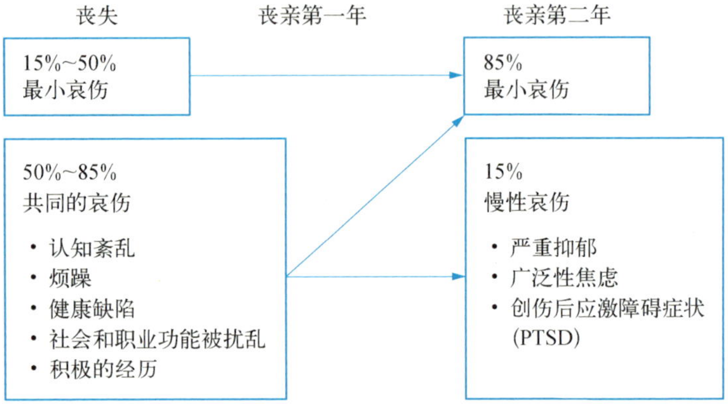

图 1－2 哀伤反应的轨迹模型①

（1）哀伤的平复需要经历一个在时间轴上持续工作的过程，第一年的哀伤期非常关键。此外，哀伤不一定随着时间推移而减轻，而是可能出现反复或是加重的可能，这些不适也会随之再来或是程度加重。

（2）有些哀伤可以通过自我疗愈完成适应过程，而有些哀伤则需要进行专业心理甚至药物的干预。尤其在哀伤开始出现的时候，若处理不好，就会有 15%左右的人在第二年，有时候甚至是在 6 个月后，进入慢性哀伤、复杂哀伤以及 PTSD 等精神障碍比较严重的阶段，这个阶段需要非常专业的治疗，很可能包括精神药物的使用。

（3）哀伤因人而异，不同的人有不同的哀伤过程，有多个影响因素。

① George A. Bonanno and Stacey Kaltman, “The Varieties of Grief Experience,” *Clinical Psychology Review* 21, no. 5 (2001): 705－734.

（4）进行哀伤辅导时，我们需要对丧亲者做整体性动态的评估。整体性强调的是系统的评估，动态强调的是根据哀伤反应在不同时间轴上展开评估。

哀伤反应的轨迹模型清楚地告诉我们，在疫情中，我们首先需要处理急性的、创伤性的哀伤，这是丧亲事件发生后最为重要的任务之一。与此同时，疫情中以及疫情后，我们不能忽视的是，丧亲者需要持续性的哀伤辅导的支持。这种支持不仅是针对个人，而且是针对整个家庭，在疫情中，有一些家庭由于经历多重死亡事件而支离破碎。所谓“持续性”意味着哀伤辅导是提供从预防到持续干预的一个系统性的支持工作。

尽管哀伤反应模型能够为哀伤辅导提供一个相对具体的时间轴，但作为助人者，仍需要更进一步了解丧亲者哀伤反应的阶段性过程。这是提供专业服务方案设计的重要参考。鲍尔比（Bowlby）和帕克斯（Parkes）提出了哀伤过程的四个阶段，他们认为哀伤是按照一定的顺序展开的，每个任务下会有不同的表现。

阶段一：

震惊与麻木。震惊得目瞪口呆，感觉遭到了重击，以至于短时间内不能感知其他事情。丧亲者会觉得丧失是不真实的而无法接受，也会产生生理上的症状，如不能正常饮食，头脑不清。

阶段二：

思念与寻找。丧亲者试图将逝去的人找回来。他们意识到自己生命中由于丧亲而留下的“空隙”，也失去了包括丧亲者自己在内的想象中的未来。此时，丧亲者试图填补这个“空隙”，全力寻找逝者的一切。他们会苦苦思念，渴望逝者回到身边，依旧按照原来的生活来过，这种感觉“像针扎一样”。

阶段三：

绝望与混乱。当丧亲者觉得无法让时光倒流时，会有一种无能为力的感觉。面对丧亲后生活中的现实问题和困难，丧亲者根本无法集中精力思考，显得无所适从，他们在痛苦的挣扎中前行，伴随着无助、绝望、愤怒和质疑。

阶段四：

重组与平复。丧亲者将生活重新组织起来。生活再也无法与以前一样了，丧亲者不得不开始没有对方的新的生活。

当然，以上过程提供的是一种参考，也有学者认为哀伤并不必然依此顺序展开，甚至认为套用这样的阶段论会有风险。我们在此也特别强调哀伤是因人而异的，社会工作尤其强调服务中的个别化原则，这同样也适用于哀伤个案的辅导。

四、影响哀伤程度的因素与疫情中哀伤的高风险筛查

了解影响哀伤程度的因素有哪些，这对助人者评估哀伤和有针对性地开展哀伤辅导具有重要的意义。

- 与逝者的亲密程度：依附关系的强度、依附关系的安全度、爱恨冲突的关系、与逝者的冲突、依赖关系。
- 逝者是在怎样的情况下去世的，以及当时亲人的状况怎样：地理位置的远近，突然或出乎意料的死亡，暴力或有创伤的死亡，多重失落、可预防的死亡，不明确的死亡、被污名化的死亡。
- 丧亲者从过往经历中学习到的应对类似事件的技巧。

- 丧亲者在经历悲伤的时候能够得到家人及社会上的帮助与支持：支持满意度、社会角色参与、宗教资源和种族支持。
- 人格变量：年龄和性别、因应状态（问题解决方式的因应、主动的情绪因应、逃避式的情绪因应）、依附风格（安全的依附风格、不安全的依附风格）、认知风格、自我力量（自尊和自我效能）、假设世界（信仰和价值）。

疫情之下，助人者不仅需要了解这些哀伤的影响因素，更重要的是，透过这些影响因素来识别那些需要哀伤辅导的潜在高危人群。服务对象在丧亲后四周内的评估中出现多项因素，便可被界定为有接受辅导的潜在需要。这些因素包括：

- 是否有年幼的小孩：多者。有多个年幼的小孩。
- 社会阶层：低者。
- 就业状况：失业或就业状况不稳定者。
- 愤怒程度：高者。
- 归咎他人的程度：高者。将死亡的事件归咎于外在因素。
- 自责程度：高者。认为这个事件是自己导致的。
- 目前缺乏其他关系者。缺少社会支持。
- 调适评估结果认为需要协助者。

在疫情暴发期间，有些因素加剧了哀伤程度，以下因素也可以作为高危人群筛查评估的参考。

- 突发丧亲事件：此次疫情暴发期间大多数丧亲都属于此类，即亲人在短时间罹患传染病离世。

- 经历多重丧失：一个家庭里多位亲人离世，此外，疫情也可能引发其他重要丧失，如离婚、分手等。
- 不可控的死亡情境：丧亲者不能控制的情境，如亲人重病期间无法去隔离病房探望，亲人去世后很快被火化，甚至无法看最后一眼，以及离世者无法交代后事。
- 丧亲者自己同样正在受到死亡威胁：在亲人去世的同时，丧亲者自己也是疑似或者确诊患者。
- 对逝者临终关怀的需求未被满足：临终关怀在一定程度上可以降低哀伤水平，但此次疫情使得丧亲者没有时间完成这些自身的关怀需求。
- 丧亲者仍需战斗在抗疫一线（特殊人群）：例如一线的医护人员、社区工作者、警务人员等。
- 家庭与社会支持不足：例如家庭里多人隔离或去世。
- 特殊丧亲者：比如残疾人、未成年人等。

第二节　哀伤辅导的原则

一、哀伤辅导的一般原则

作为助人者了解了这些哀伤的基本知识后，我们可以做些什么？首先，沃登提出了哀伤辅导的 8 个基本原则，它是我们后续开展辅导工作的基本指导原则。

- 帮助丧亲者体认失落。

- 帮助丧亲者界定与表达感情。
- 让丧亲者无拘无束尽情哭泣。
- 加强丧亲者独立生活的能力。
- 阐明正常的“哀伤”行为。
- 持续的支持。
- 允许丧亲者的哀伤表现有差异。
- 评估转介的需求。

二、疫情中哀伤辅导的特殊原则

疫情之下的哀伤辅导要根据不同于一般情况中的辅导原则（见表1-2）。

表1-2 疫情中与疫情后哀伤辅导的原则

1	优先处理急性哀伤或创伤性哀伤呈现出来的情绪问题
2	动态评估哀伤的程度与需求
3	协助丧亲者完成逝者临终时的未尽事宜
4	识别潜在有服务需求的丧亲者（预防性）
5	提高哀伤辅导服务的可及性

第一，优先处理急性哀伤或创伤性哀伤呈现出来的情绪问题。在应激状态下，愤怒、无助、悲伤等多种痛苦情绪交织在一起，容易引发更高的诸如自杀等的风险。因此，助人者首先需要做的就是“情绪急救”，类似在战场上给伤口进行包扎，先要“止血”。助人者可以采取的方法有稳定技术、倾听、积极关注。当然，若有自杀风险，要先

进行评估再进行危机干预。

第二，动态评估哀伤的程度与需求。例如，当哀伤从急性转到整合性时，需重新评估哀伤程度与需求的变化。

第三，协助丧亲者完成逝者临终时的未尽事宜。“四道”人生（道爱、道谢、道歉、道别）通常是在临终关怀阶段来完成的，但在突发的疫情下，这根本没有时间做，甚至道别都成为一种奢侈，留下太多遗憾。另外，在哀悼的方式中，葬礼仪式是非常重要的哀伤治愈方式，然而在疫情期间这种哀悼方式也很难实现，这在某种程度上增加了丧亲者的哀伤。

第四，识别潜在有服务需求的丧亲者，发挥哀伤辅导的预防性功能。中国的文化是内敛的，一般我们倾向于把悲伤放到自己肚子里，而不是诉说和求助。所以，一线助人者需要去识别和评估，那些特别需要进行哀伤辅导的丧亲者，并与之建立联系。或许他们不一定现在需要这样的服务，但我们需要提供一种可能的服务途径，让他们了解到如果需要哀伤辅导可以从何处获得。

第五，提高哀伤辅导服务的可及性。疫情当下，以及随着疫情的散去，更多哀伤的个案会浮现出来。这一点国外似乎提及比较少，因为国外的哀伤辅导已经相对成熟，当哀伤浮现并成为生活羁绊时，多数人可能会选择去求助，也会有相应的专业人员进行处理。然而，在中国，心理辅导或咨询不像西方社会那么成熟，加之中国人对于哀伤或是死亡较少地公开谈论或是主动求助，这也大大增加了后期开展哀伤辅导的难度。潜在的哀伤辅导需求一定会有，如何将潜在的需求引出来，链接后续资源，将是一线的助人者面临的重要任务。

下文通过一个案例来说明如何运用这些原则。

一位大学生说，她的爸爸妈妈都已经确诊，她的爷爷昨天去世，同一天，她深爱的男友提出分手，现在就剩下自己，她觉得活着没有意思，自己很失败。在讲述过程中，她全程都是笑着说，听者无法直接感受到她的悲伤。

在这个案例中，我们可以发现突发丧亲、经历多重丧失、家庭与社会支持断裂等都是这位案主丧亲后的高危风险因素，所以对于该案例做如下处理。首要的任务是风险评估，尤其是当她谈到“活着没有意思”时，这是在传递自杀的信号。其次是哀伤评估与创伤评估以及进行情绪上的处理。无论是在哀伤还是创伤发生初期，案主很可能出现一种麻木和无助的情绪状态，表现出“情绪倒错”。就像是我们被刀划破手，划破的瞬间大多数时候我们没有感觉到疼痛（类似麻木），但随之而来的血流出来，才是疼痛难忍的时候。所以后续的各种支持显得尤为重要。因此，我们可以做的是：

（1）风险评估；

（2）情绪处理，包括积极倾听与回应、放松等方式；

（3）帮助她恢复社会支持系统，保持人际联结（家人、朋友、同学、社区、学校）；

（4）给予正向的肯定以提升她的自我价值感；

（5）持续跟进，包括提供热线以及其他可及的哀伤辅导资源。

第三节　哀伤辅导的过程

一、疫情之下开展哀伤辅导的相关要素

疫情中开展的哀伤辅导与一般情况下开展的哀伤辅导的开始时

间、地点与哀伤辅导接受者都有所不同（见表 1－3）。

表 1－3　疫情中哀伤辅导的相关要素

问　题	一般情况下	疫情之下
开始时间	葬礼后一周	急性哀伤、创伤性哀伤
地点	专业场合（如咨询室）相比家庭或非专业场合更合适	在线（如网络、电话）更为合适
谁需要接受哀伤辅导	所有丧亲者（普世模式）； 主动求助的丧亲者（求助模式）； 潜在的需求者（预防模式）	主动求助的丧亲者； 潜在的需求者

二、疫情中哀伤辅导的简要流程

表 1－4 展示了疫情之下哀伤辅导的简要流程。

第一步是综合性评估（评估丧亲者处于怎样的应激水平与哪一个哀伤阶段）。首先进行哀伤的风险性与阶段评估（危机与自杀、抑郁、焦虑）。对于自杀评估，简单常用的方式是询问丧亲者两周之内有没有自杀的想法、企图和行为。其次进行哀伤辅导的需求评估，评估案主是否有求助的意愿，且在哪些部分需要哀伤辅导。此外，还需要去评估哪些是潜在的、高风险因素，接下来如何链接资源，可以再后续跟进提供服务等。

第二步是评估自己协助处理哀伤的能力。首先是评估助人者自己的专业胜任力，自己有没有能力去做这些，比如说危机或者自杀的干预等。其次是评估助人者自己的时间、精力，以及是否有专业的督导能给予自己专业支持。

第三步是进一步的处置。这包括开案或是转介专业人士或机构。

如果助人者觉得自己可以，就可以开案；如果说觉得有一些困难，就可以转介给专业的人士或者专业的机构。此外，还可以提供相关的社会支持或资源链接，这是疫情中与疫情后最有可能和对案主非常重要和需要的部分。

表 1－4　疫情之下哀伤辅导的简要流程

步　骤	内　容
第一步：综合性评估	哀伤的风险性与阶段评估（危机与自杀、抑郁、焦虑、延长哀伤、复杂哀伤、PTSD 等）
	哀伤辅导的需求评估（潜在的、求助）
第二步：评估自己协助处理哀伤的能力	专业胜任力
	时间、精力、督导等
第三步：进一步的处置	开案或转介给专业人士或机构
	提供相关的社会支持或资源链接

三、沃登任务取向的哀伤辅导过程模式

沃登任务取向的哀伤理论为辅导提供了一个过程性模式（见表 1－5）。第一，帮助丧亲者接受失落的事实，增加现实感。第二，处理哀伤的痛苦。协助丧亲者学会如何去表达悲伤的情绪与情感以及如何接纳它们。第三，适应一个没有逝者的世界。这部分是最难的，助人者需帮助丧亲者调适应对新的生活，重新挖掘生命的意义，以适应一种新的生活状态。第四，在与逝者永恒的联结中开始新生活，这也是哀伤辅导中最关键的部分。鼓励丧亲者向逝者告别，以健康的方式，坦然将情感重新投注到新的关系中。这四个过程性的任务也引出

了哀伤辅导的任务和要点。

表 1－5 沃登任务取向的哀伤辅导模式

哀伤平复任务	哀伤辅导的目标	辅 导 任 务	辅 导 要 点
接受失落的事实	增加失落的现实感	协助丧亲者注意丧失的真实性；倾谈逝者的疾病、死亡及葬礼	允许、接纳对方的哀伤
处理哀伤的痛苦	协助丧亲者处理已表达的或潜在的情感	协助丧亲者处理已表达的或潜在的情感；探讨内疚、愤怒、痛苦，让情绪从泪水中浮现	阐明“正常的”哀伤行为且允许个别差异
适应一个没有逝者的世界	协助丧亲者克服失落后再适应过程中的障碍	协助丧亲者克服失落后再适应过程中的障碍，如哀伤中人际事务的处理，增强自信心及自我价值感	提供持续的支持
在与逝者永恒的联结中开始新生活	鼓励丧亲者以健康的方式向逝者告别，并坦然地将情感投注到新关系中	协助丧亲者将情感从逝者身上转向探寻及建立新的人际及情感支持网络	界定病态行为及转介

四、哀伤辅导的过程——临床服务的标准

从专业助人的角度，助人者不仅需要了解哀伤辅导的过程，也可以遵循开展临床服务的个案工作和小组工作的标准化程序。民政部官网有个案工作（MZ/T094－2017）和小组工作（MZ/T095－2017）的标准，助人者可以参考标准流程开展专业服务。

第四节　哀伤辅导的常用技术

疫情之下哀伤辅导需要三个层面的技术：一般心理辅导与咨询技术，处置急性哀伤、预期性哀伤等特殊情况需要的技术，哀伤辅导的相关技术。

一、一般心理辅导与咨询技术

一般心理辅导与咨询技术是助人者开展临床专业服务所必须具备的，包括：具体化积极倾听、反应与澄清、具体化技术、自我表露、共情与面质等。以具体化为例，具体化是指助人者协助和引导来访者清楚准确地表述他们的观点、所体验的情感以及所经历的事件，使谈话话题指向具体的事实和细节，使双方讨论的问题更加清晰、准确。我们可以通过“何人、何时、何地、有何感觉、有何想法、发生什么事、如何发生”等问题来达到这样的效果。

二、处置急性哀伤、预期性哀伤等特殊情况需要的技术

处置急性哀伤的技术是处理丧亲引发的应激反应，包括风险评估、情绪包扎和稳定术、探讨可行的计划及提供社会支持等步骤，但前提是需要了解哀伤的基本知识，能够评估所处哀伤的阶段。

处置预期性哀伤的技术是运用预期性哀伤的特点，为即将丧亲者提供支持，其重点在于帮助家属提前准备好亲人的未尽事宜，不仅包括协助遗愿达成、后事交代，还包括表达感谢与遗憾，这些都需要助人者在合适的情境中努力去尝试和沟通。

三、哀伤辅导的相关技术

以下列举几种常见的哀伤辅导的相关技术。

1. 叙事疗法

叙事疗法是近几年在医学和心理学领域应用得比较广泛的方法，在丧亲者重建生命意义的过程中，叙事疗法的应用有成效。

2. 正念训练

正念训练的目的是帮助丧亲者接纳和面对哀伤，重新与自己的日常生活建立联结，不断延展自己的注意力，并能创造一个身心放松的空间。它对于经历了创伤性或复杂性哀伤的丧亲者有益，但对于刚经历创伤哀伤的人而言，安全感的建立更重要，所以其他方法更适合他们。其核心技术是接纳和去中心化，接纳是愿意去体会和面对那些不快乐的、不想要的情绪，而非逃避。去中心化是指和自己的症状保持距离，即把"我"和"我的症状"区分开来。

此外，正念干预的"西拉哀伤模型"（见图 1－3）提出哀伤是从自我焦点转移到他人焦点的过程，在这个过程中，经历"与哀伤同在""不与哀伤抗争""带着哀伤行动"三个步骤，在这几个步骤下又有不同的干预要点和练习的方式。该模型相对具体，操作性与可应用性强。

3. 认知重建

认知重建技术对于认识哀伤和改善情绪具有很好的应用。例如，理性情绪疗法的 ABC 理论：死亡，尤其是突然的、未预期的死亡，是一种创伤性事件（A），它能够影响人的信念体系（B），影响情绪和行为（C），讨论的重点是如何使用认知、情绪和行为的干预将不合理的反应代之以合理的反应（D）。合理的哀伤反应可以将自暴自弃式的抑郁、绝望、恐惧和自我贬低最小化，同时提高对自我

自我焦点		他人焦点
与哀伤同在	不与哀伤抗争	带着哀伤行动
状态：停驻 目标：适应哀伤 － 独处 － 自我觉察 － 自我好奇 － 情绪透明 练习方式： － 彻底哀悼 － 冥想和祷告 － 阅读疗法 － 写情感日志 － 赤脚旅行 － 三分钟呼吸时间 － 自体训练 － 日光浴/亲近自然 － 讲故事 － 诗歌、音乐、吟诵、象征手法、文学艺术 － 瑜伽或气功 － 需求帮助 － 身体保健	状态：反省 目标：信任治疗师 － 走进哀伤 － 对情绪化的自我保持尊重 － 提升觉知力 练习方式： － 彻底宽容 － 彻底接纳 － 重述故事 － 写作 － 仪式 － 觉醒 － 给逝者写信 － 以逝者的口吻给自己写信 － 为了自己而参加支持性团体 － 写回忆日志 － 社区支持 － 做有报酬的工作	状态：寻求意义 目标：有责任的行动 － 观察他人的痛苦 － 进一步提升自己 － 创伤后成长 练习方式： － 彻底改变 － 追求善行 － 寻找提升自我的机会 为他人提供社会支持 － 为了他人而参加支持性团体 － 提供社区服务 － 参加志愿服务 － 帮助他人从哀伤中觉醒 － 写感恩日志 － 心理教育

图 1－3　正念干预的西拉哀伤模型[①]

和丧失的接受程度。这种干预方法能够促进哀伤过程中的悲伤、痛苦和挫败感与正面的、积极的反应相融合，以有助于哀伤者趋向一种平衡的状态（见表 1－6）。

① ［美］罗伯特·内米耶尔：《哀伤治疗：陪伴丧亲者走过幽谷之路》，王建平、何丽、闫煜蕾等译，机械工业出版社，2016.

表 1-6　与哀伤相关的看法与情绪结果

适应性的哀伤 健康的（功能性的）看法和 积极的、健康的情绪反应	非适应性的哀伤 不健康的（功能失调的）看法和 消极的、不健康的情绪反应
悲伤：如“生活已经永远地改变了” 健康的愤怒：如“他/她没有考虑到后果” 面对痛苦时对挫折的高忍受性：如“每当想到再也见不到他/她了，我就很难受” 关注点：如“对他/她的死我没有做很多事情”“我十分想念他/她”	抑郁：如“我的生活毫无价值” 不健康的愤怒：“他/她怎么能对我做出这种事” 面对痛苦时对挫折的低忍受性（焦虑）：如“这太痛苦了，我不想去想他/她，我不能忍受这种痛苦” 罪恶感：如“这是我的事情，我希望死的人是我”

4. 艺术疗法

艺术疗法是保持持续性联结常用的方法，比如通过音乐的冥想、绘画、角色扮演等与逝去的亲人形成一种联结，这在哀伤辅导中非常有必要。

5. 意义疗法

意义疗法是弗兰克尔（Frankl）提出来的。他认为“意义疗法特别适用于因各种原因而出现抑郁、空虚、迷惘、绝望的就诊者”。经历过重大创伤或是企图自杀的人，都会聚焦于一个问题——“我活下去的意义在哪里?”在心理学的研究中，意义有两个层面，即生命的意义感，以及生命意义的来源。前者强调自己对所经历的意义的感受程度，比如，“我觉得我的生命很有意义”，“我的人生非常值得”，等等。后者是生命意义具体从哪里来，比如，“我的意义来源是我的家人”（最为重要的），“我们的意义从帮助他人中来”。在哀伤辅导中，助人者需帮助丧亲者从在与家人度过的日常中挖掘自己生命的意义，同时也导向其他重要意义的来源，以充实个体的整体意义系统。弗兰克尔（Frankl）提出三种获得人生意义的方法，包括创造性的工作、体验爱的人际关系以及对待不可避免的苦难的态度选择。

总之，持续性的链接和意义的重建，是哀伤辅导中的两个核心工作任务，是辅导工作中的两个关键着力点。

此外，内米耶尔（Neimeyer）提供了相对较全的用作哀伤治疗的诸多技术，每一种都非常具体且有操作性（见表 1－7）。

表 1－7 哀伤治疗的技术

调节情绪	应对阻抗	重新建立联结
与身体一起工作	寻找意义	修订目标
转化创伤	重写生命故事	获取外部资源
改变行为	整合艺术	与他人一起哀悼
重构认知	加强记忆	仪式转化

四、关于技术使用的几点提示

（1）任何辅导或治疗都建立在对人类的人格和行为理论充分了解的基础上，而不仅仅是表面应用的若干技巧。

（2）无论哪一种技术的使用，其前提都是良好关系的建立，如果缺乏跟案主间的信任关系，任何技术都是无力的。

（3）无论哪一种技术的应用都不是绝对的，应根据具体的哀伤情景做出相应的调整。

（4）不要太期待技术可以解决一切问题，重要的是在应用技术的同时思考从技术中超脱出来。

当我们真正在面对个案的时候，不需要一直搜索枯肠地想“接下来我到底要用什么样的技术”“我接下来是用倾听、反应还是澄清”。如果我们总是把技术放在意识层面，可能会忽略真正重要的信息，所以在许多真实的情况下，对案主的积极关注、耐心倾听这两点，或许有更重要的意义，成为开展任何一种形式的辅导的重要前提。

第五节　疫情中哀伤辅导的要点

疫情中哀伤辅导应注意以下几点：

（1）丧亲和哀伤的服务应该在对离世者家属的服务需求评估后再开展，需要助人者掌握专业的方法。

（2）每个人的经历和悲伤不同，处理悲伤的方式因人而异。

（3）哀伤是丧亲后的一种正常反应，但是处理不好可能会发展成心理障碍。

（4）丧亲以及对应的哀伤都是一个长期的过程，有一个个体和文化可变的时间线，即时间轴。

（5）哀伤关怀助人者应该具有文化敏感性，把临终风俗、丧葬文化等要素纳入考量。

（6）提供哀伤关怀的助人者，需要接受督导、专业支持和继续教育。

布鲁克（Brook）等人提供了一个帮助哀伤者的 12 项指南（见表 1－8）。这份指南不仅可以为专业助人者包括心理咨询师和社会工作者提供指导，也可以为丧亲者的亲朋好友以及所有希望给丧亲者提供支持的人提供重要提示。

表 1－8　帮助哀伤者的 12 项指南[①]

1	不要挖空心思去找那些能够用来消除悲痛的词语
2	记住，时间并不能治愈所有的创伤
3	不要试图把丧亲者的悲伤降到最低或让他们觉得有所改善
4	提醒丧亲者照顾好自己
5	帮忙承担一些生活上的负担
6	避免评判
7	不要期望他们会主动联系你
8	一起吃饭
9	讨论生活中的决定
10	列出一个需要帮助丧亲者做的所有事情的清单
11	别害怕说出逝者的名字
12	做出承诺来帮助悲伤的人渡过难关

对于哀伤辅导，相对其理念而言，理论与技术已经不是最重要的问题了，而我们的理念，我们对待生命和死亡的看法、我们传统文化中对死亡的禁忌等，这些诸多因素都会对哀伤辅导的过程和效果产生重要影响。与此同时，在这场疫情中和疫情后，我们在专业助人的同时，亦需要思考和重整我们自己的人生意义与价值。更为重要的是，作为助人者我们需要将生命教育、死亡教育以及临终关怀等议题渗透在整个教育体系中，以期让我们的后代对生命与死亡有更充分的理解与认识。这是从根本上提高哀伤辅导效果的重要举措。

① Noel Brook and Blair Pamela, *I Wasn't Ready to Say Goodbye: A Companion Workbook for Surviving, Coping and Healing After the Sudden Death of a Loved One* (Naperville: Sourccbook, Inc., 2008).

第二讲　因疫丧亲者急性哀伤的应对策略

刘新宪[①]

第一节　灾难后不同阶段心理援助的重点

目前国际上基本上把灾难分成三个级别：第一级为小型灾难，死亡人数在 100 人以下；第二级为中型灾难，死亡人数为 100～1 000 人；第三级为大型灾难，死亡人数超过 1 000 人。一般来说，大、中型灾难后，灾区需要来自其他地区的救援人员，包括经过训练的哀伤咨询师、社会工作者和其他心理咨询师、心理健康工作者的援助。比如，美国“9·11”事件发生后，9 000 多名来自各州的哀伤咨询师和其他心理健康工作者为丧亲者和经历创伤者提供心理援助。

大、中规模灾难过程通常可以被划分为四个阶段，而每个阶段的心理救援的工作重点是有所不同的。

第一阶段：灾难初发期的工作重点是抢救生命和伤亡急救。社会工作者和心理咨询师的工作应该围绕和支持这个重点，包括自杀干预和心理急救。协助提供生活关怀及与外界的沟通联系等，以及帮助舒缓过度的恐慌和哀伤情绪，同时对精神失常者要及时进行转介治疗。

第二阶段：在度过抢救生命财产和伤亡急救最紧迫的阶段后，社会工作者和心理咨询师对丧亲家庭的援助需要围绕两个方面。① 心理援助，为丧亲家庭提供心理危机干预，包括陪伴、聆听和基本的心理疏导。② 在可能的情况下，提供适当的工具性支持，比如提供适当和迫切的生活健康关怀及与外界的沟通联系等。

---

① 美亚哀伤咨询中心主任，［美］哀伤咨询师（GC－C）。

第三阶段：灾情刚刚结束，社会工作者和心理咨询师除了继续第二阶段的工作之外，还要参与清点和评估丧亲家庭信息，对丧亲家庭要保持密切跟踪和支持。对有需要的教师、学生、警察、医护人员、其他救援人员及灾区民众做心理评估及相应的辅导。

第四阶段：灾情全部结束，继续跟踪在灾情期间对心理援助有需求的服务对象，或者关注新的有需求的服务对象，并提供相应的心理干预。对丧亲家庭提供更深入和持续的创伤性哀伤干预，对有需要的灾区民众提供更深入的创伤性哀伤咨询和辅导。从长期考虑，政府需要建立系统的灾难危机心理干预机制，包括人员培训。

第二节　灾难中的创伤性哀伤

通常情况下，符合以下一种或若干种状况，丧失亲人会引发创伤性哀伤：

（1）丧失事件发生得极为突然。

（2）亲人死亡时极为痛苦，比如患有疾病、自杀、被谋杀等。

（3）逝者与丧亲者有十分强烈的依恋关系，比如未成年子女丧失父母或父母丧失子女。

在新冠疫情中，丧亲者一般都符合创伤性丧亲状况，在丧亲初期会出现强烈的创伤性哀伤反应，并同时表现出创伤和哀伤症状。他们罹患延长哀伤障碍和创伤后应激障碍的风险远高于其他丧亲者。

一、 哀伤症状

（1）情感反应：在疫情中失去亲人者常见的情感反应有哀伤、愤怒、焦虑、麻木、孤独、愧疚和抑郁等。

（2）认知反应：对三个核心认知的颠覆。通常情况下，人们持有三个基本认知：① 世界是温暖的；② 世界是有一定规律可循的；③ 自己的生命是有价值的，并且自己对生命和生活是有一定控制力的。创伤性丧亲事件的巨大打击可能会使人对这三个基本认知产生动摇甚至颠覆。此外还可能出现其他认知问题，如负罪感，觉得丧亲事件与自己有关，觉得老天爷不公平等。

（3）行为反应：冲动、易怒，有强迫性行为等。

（4）生理反应：睡眠障碍、肠胃紊乱、免疫力下降。

（5）社交反应：回避与社会接触。

（6）信仰：对过去的信仰产生动摇。

二、 创伤症状

1. 闯入性（闪回）症状

与创伤性事件相关的痛苦回忆经常会自发地、突如其来地在头脑里出现，使人感到仿佛又重新经历了一次创伤事件，心理学也称之为“闪回”；对与创伤事件相关的梦境或其他噩梦感到沮丧；遇到创伤提醒（如警笛、特殊环境、图像、电视）时，会出现严重的痛苦情绪或身体反应。

2. 持续性回避

尽量回避思考或谈论创伤事件，回避可能会令人想起创伤事件的地方、事物、活动或人员。

3. 思维和认知的负面变化

对自己、他人或世界有负面想法；对未来感到没有希望；可能会出现记忆问题，包括不记得与创伤事件有关的重要内容；难以与他人保持密切的关系，感觉与家人和朋友有距离感；对自己曾经喜欢的活动缺乏兴趣；难以体验积极情绪，感到情绪麻木等。

4. 过度敏感与警觉

持续性地感到创伤事件的威胁依然存在，并有身体和情绪的反应症状，这也被称为“唤醒症状”；容易受到惊吓或恐惧，持续性地过度警觉；出现睡眠障碍；注意力难以集中；烦躁，难以控制愤怒或有攻击性行为；感到强烈的内疚或羞耻感等。

创伤症状的强度随时间推移而变化。如果创伤性丧亲事件发生三个月后，丧亲者依然有强烈的创伤反应，那就很可能罹患创伤后应激障碍。

创伤性哀伤同时具有哀伤症状和创伤症状，两者会相互影响，从而大大提高出现延长哀伤障碍和创伤后应激障碍的风险。创伤性丧亲者在急性哀伤期需要社会工作者和其他心理健康工作者的心理援助，这对他们今后的哀伤和创伤疗愈会有很大帮助。

第三节　创伤性丧亲家庭心理援助十项任务

（1）心理急救。首先是要帮助创伤性丧亲家庭处理极端情绪、愤怒、极度焦虑、绝望、自杀倾向等，这时候的工作重点不是展开系统的哀伤疗愈，而是救急。

（2）工具型帮助。通过满足丧亲家庭的生活和健康需求，让他们感到温暖，减少极端情绪。

（3）对丧亲家庭提供多元化的心理援助资源。社会工作者、其他心理健康工作者、志愿者、社区工作者、医生以及其他救援人员等需要被整合起来。社会工作者可以发挥其专业特长，为这种整合工作提供协调和帮助。

（4）动员丧亲家庭亲友参与。助人者要尽一切努力，把丧亲家庭亲友动员起来。因为当社会工作者和其他心理健康工作者一直站在第一线而忽视了发动亲友援助，亲友往往就会后退。他们会觉得社会工作者是专业的，因而更有经验。然而对于丧亲者来说，亲友恰恰是最重要的社会支持资源之一，尤其是在急性哀伤期，亲友的陪伴、聆听以及帮助等都会对丧亲者有极大的益处。

（5）直接帮助。如果丧亲者或亲友打热线电话或通过其他方式联系社会工作者和其他心理健康工作者，社会工作者和其他心理健康工作者要来到第一线。在紧急情况下，比如联系不上亲友，丧亲者有过激反应并且完全自我隔绝时，社会工作者和其他心理健康工作者也要主动联系。这种帮助首先依然是从关心生活和身体健康入手。

（6）教授技巧。社会工作者和其他心理健康工作者首先需要帮助丧亲家庭学习情绪放松与舒缓的技巧，尤其是缓解哀伤、愤怒、焦虑、恐慌等情绪。在急性创伤哀伤期，对于创伤需要做必要的回避，比如提醒不要去看一些令人悲痛或紧张的媒体新闻。在急性期适当的回避是有益和必要的。

（7）及时转介。社会工作者和其他心理健康工作者发现丧亲者可能出现严重的精神疾病，需要请专业的精神科医生做诊断及治疗。

（8）哀悼仪式。哀悼逝者的仪式对丧亲者的哀伤平复有极为重要的意义。在疫情期间，由于无法举办线下的追悼会，社会工作者可建议丧亲者进行网络哀悼。

（9）急性哀伤期的工作焦点是丧亲者的迫切需求，而非程序化的干预。在辅导家属和相关人员时，聆听和陪伴尤为重要。工作的目标是降低今后罹患延长哀伤障碍和创伤后应激障碍的风险。大量实证研究显示，在急性哀伤期，仅采取系统性的治疗基本无法获得所期望的效果。

（10）眼前的心理救助与未来的服务计划相结合。收集、评估和保留好未来可能需要长期心理援助的丧亲家庭的信息，为灾后系统性的心理干预做好准备。

第四节　创伤性丧亲中急性哀伤的应对案例

以下是疫情暴发初期某地心理咨询师接到的三个真实案例。

一、案例 1：父亲去世，家人与案主染病

案主是一名 12 岁的少年，两天前他的父亲在家中去世。他父亲 60 岁时才生下他，对他特别宠爱。在疫情暴发初期，父亲出门买他爱吃的食物时没戴口罩，不幸染上疾病，去世时 72 岁。热线心理咨询师反映，这个孩子有些孤僻，也许还有一点抑郁，母亲与父亲离异并和他们不在一个地区生活，平时由保姆帮助照顾他家的生活。他的姐姐在办理他父亲丧事时也染病并被隔离了。这个孩子和保姆也都染病，马上就要被送到隔离区了。母亲不在身边，联系不上。热线心理咨询师的问题是，我们这时候应该做些什么？

1. 案例分析

在美国，有 4%的 18 岁以下的儿童和青少年会经历失去父亲或者母亲或者父母双亡。这是一个不小的人群。美国还有一项关于丧失父母的青少年的研究显示，有 20%～30%的青少年，如果没有及时接受心理援助，往往会出现心理障碍。

案主对失去父亲很可能会出现严重的愧疚感——他的父亲是因为出去买他爱吃的食物而染病死去的。父亲因感染新冠病毒突然去世，

会导致他内心严重的创伤及哀伤。另外他也染病了，他自身的安全也受到威胁。还有，在失去父亲后他对未来生活感到担忧和恐惧。这些因素综合在一起，案主今后罹患延长哀伤障碍和创伤后应激障碍的风险会很高。

2. 当时的建议

（1）立刻寻找亲友。尽管他母亲跟他们不在一起生活了，也要尽量设法马上取得联系，比如通过街道的帮助。最理想的情况是能够给他母亲提供一些心理疏导方面的建议，比如每天和他保持联系，给予他爱和安慰。

（2）解决急迫的生活问题。孩子马上要被隔离了，让他将手机话费充到最大值，准备好充电器并随时带在身上。

（3）上报当地精神卫生中心。需要对他进行进一步的评估。如果他确实有非常严重的心理疾病，就不适合在一般的公众隔离环境中生活，可能要进入有精神卫生服务的隔离中心，这需要专业的精神科医生进行评估。这个案例需要马上上报，而不是等疫情过后再处理。

（4）为灾后的持续性心理援助做准备。与家属、街道保持联系，整理和保留信息记录，存入数据库。基本信息应至少包括姓名、年龄、电话、家庭住址、丧亲情况介绍、亲友联系方式、最初的联系人等。

二、案例2：父母突然病故的少年在热线电话里发出笑声

案主是一名15岁的少年，他通过打热线电话求助。他的父母在疫情初期突然同时染病死去。在电话中诉说时，他却发出了

笑声。热线电话心理咨询师听了感到不寒而栗，询问应该如何回应和帮助这名少年。

1. 案例分析

在急性哀伤期，丧亲者会出现各种各样的哀伤反应，麻木是其中的一种。这名父母突然双亡的少年在热线电话里边发出笑声很可能是哀伤反应的一种形式 ——麻木。虽然我们无法确定他在热线电话里的笑是因为精神分裂还是麻木反应，但我们需要知道，有些人在重大创伤打击下，有时会产生一种自我保护机制，并把自己的情感机制关闭，把自己和现实世界分离，使自己不至于被巨大的哀伤痛苦击垮。他们需要一点点释放痛苦的“剂量”。在这期间，他与整个社会及世界，从情感和认知上是分离的，他觉得这个世界不真实到可笑的程度。若是如此，他的笑很可能是一种麻木反应，并可以理解为急性哀伤期的正常反应，当然也不能完全排除其他可能。

2. 当时的建议

（1）立刻联系亲友。可能的话指导亲友做心理陪伴，疫情期间不能面对面地陪伴，但可以使用手机或微信，也可以请亲友帮助举办网络哀悼仪式。对于有麻木症状的丧亲者，适当的悼念仪式对今后的哀伤疗愈极为重要。

（2）案主是自己主动打了热线电话的，咨询师应该与案主继续保持联系。同时通过案主获得其他亲友的联系方式，争取其他亲友、社会和街道的帮助。

（3）关注案主的生活和安全。注意他的精神状态，比如有没有自杀倾向，有没有过激情绪，并给他提供一定的情绪疏导。可能的话，请求社会支持，为他提供更多的工具性支持。解决好他的饮食健康等基本生活需要，同时为他提供必要的心理支持。

（4）为疫情后的持续性援助做准备，把有关案主的资料保存好，存入数据库，为疫情后的心理干预做好准备。

三、案例3：独生子染病死去

案主是一对失独父母，在疫情中两人都染病去了方舱。就在他们染病前不久，独生子先染病死去。他们的儿子当时正准备结婚。他们非常绝望，但他们正在隔离中。亲友在热线电话里询问：怎么帮助他们？

1. 案例分析

失独是所有丧亲哀伤的痛中之痛，尤其是孩子突然死去。这是一种极为痛苦的创伤性丧亲事件。因为疫情，他们无法与孩子做最后的告别。同时，他们也不知道自己能否活下去。他们也许更渴望随同孩子一起死去。这是很多失独父母在失去孩子后常见的心理状况。大量研究显示，失独父母罹患各种身心疾病的概率远超过其他丧亲群体。

2. 当时的建议

（1）社会工作者和其他心理健康工作者首先要通过亲友关注他们的健康和安全，严防自杀倾向或放弃求生愿望。因为在这个时候，失独父母往往会失去自我保护意识。

（2）为亲友提供哀伤辅导建议。在急性哀伤期，即使在隔离期间，鼓励亲友也要与失独父母保持电话联系和微信联系。

（3）如果条件允许，失独父母可在亲友协助下举办网络哀悼和纪念活动。

（4）社会工作者和其他心理健康工作者可以为案主提供适当的失独父母“同命人”的帮助，比如我国著名的北京尚善公益基金会的失独微信群可以提供此类帮助。这个微信群有很好的群管理制度和规范，有经过专业培训的失独父母提供“同命人”热线电话帮助。“同命人”的支持对于急性哀伤期的失独父母来说是心理疏导的“第一道防线”。在国外，丧子父母群体内的自由交流和沟通可以为很多急性哀伤期的丧子父母提供安慰与支持，减少他们的孤独感。而这正是心理援助工作中十分重要的部分。

（5）社会工作者和其他心理健康工作者通过亲友了解、评估案主的精神健康状况，如有必要，可以请精神科的专业医生介入。

（6）将相关数据录入系统，为疫情后持续的心理援助做准备。

第三讲　关怀人员对疫情丧亲者的说话技巧

刘新宪

第一节　哀伤认知与语言技巧

在哀伤关怀中，什么样的语言和方法是适当的？什么样的语言和方法是不适当的？社会工作者和其他心理健康工作者很多时候出于好心说出来的话，或者做出来的事，却没有达到好的效果，这值得人反思。在哀伤关怀方面，用不同的方式去说话，或用不同的方法去帮助丧亲者所得到的效果可能是截然不同的。

（1）哀伤是爱的一种形式，是丧失亲人的一种正常反应。

（2）人类有很多哀伤之痛是无法表达的。有人说“眼泪是语言无法表达的哀伤”，实际上人类还有一种更深层的哀伤，就是连眼泪都无法表达。因为我们人类文明对情感的表现还是很有限的，我们的文学、剧本、电影、艺术等，都无法表达出很多哀伤中最深层的痛苦。因此，丧亲者往往会感到，在这个世界上无人可以理解我。同样，因为我们很多社会工作者和其他心理健康工作者没有相似的经历，我们确实也无法深刻地理解丧亲者的痛苦。所以，剧烈的创伤性哀伤往往会形成一种人与人之间的距离感，以及由此而来的丧亲者的自我隔离、孤独以及对世界的陌生感。

由于我们自身对哀伤理解的局限性，我们很可能会说出一些不妥当的话，一不小心就伤害了我们的关怀对象。这往往会使丧亲者更不愿意和外界接触。所以我们需要了解，在安慰丧亲者时，什么样的语言和方法是适当的，以及什么样的语言和方法是不适当的。

（3）个人经历不同，其哀伤反应也会不同。比如一位年迈的父亲，90 多岁了，久病之后去世，他的子女会感到哀伤，但是这种哀伤的痛楚跟中年父母在新冠疫情中失去子女的哀伤是不一样的。每个人的经历感受不一样，哀伤反应也不一样。所以我们不要觉得有的丧亲者不流眼泪，而另一位丧亲者却天天以泪洗面是不正常或是过度反应。其实在急性哀伤期，这两种哀伤反应都是正常的，哀伤反应不同是因为每个人的经历及内在认知不同。

（4）哀伤不分阶段，不是直线发展的，会有起伏，有反复性。哀伤过程不是一条直线，就像火车一样，从第一站开始，然后一站接着一站，到达恢复的终点。哀伤是会有反复的。2015 年，瑞典对将近 5 万名失去子女（1 岁到 17 岁）的父母进行调查，时间区间从 1973 年到 2008 年。调查显示，在子女去逝的周年纪念日的前后三天，母亲的死亡率（包括心脏疾病和自杀）是平时的 2 倍多，相比之下，父亲没有明显变化。也就是说，尽管有些丧子母亲看起来在很长一段时间内都进入了一种平缓的状态，但当周年纪念日来到时，那种剧烈的哀伤痛苦会突然间像狂浪一般涌起，把人掀翻、吞没。所以我们永远要记住，丧亲者的哀伤，会有高低起伏，会有反复，剧痛可能会卷土重来。关怀者需要对有创伤性哀伤的丧亲者提供相关科普知识，帮助他们在“周年纪念日”到来前做好自我保护。

（5）哀伤不会消失，但可以被整合进新的生活，成为“整合性哀伤”。这也是我们哀伤疗愈的主要目标。在生活中我们很多人总会问丧亲者，至少心里会想：您有没有走出来啦？怎么还没有走出来啊？这是一种错误的期盼。另外，如果丧亲者在整合适应过程中受到了阻碍，那么急性哀伤就会转变为延长哀伤障碍，成为一种心理疾病。

（6）男女哀伤反应不同。男性往往会有“工具型哀伤”（Instrumental Grief），如沉默、不停地做事；女性往往会有“直觉性哀伤”（Intuitive

Grief)，如哭泣、倾诉。“工具型哀伤”在男性丧亲者中是很普遍的一个现象。女性往往会跟着直觉走，更倾向于哭泣和倾诉。还有一种状态，就是两种哀伤反应都有，也被称为“混合型哀伤”。

（7）丧葬仪式是舒缓哀伤的重要环节。无论何种情况下，或繁或简，或者亲友一起，或者丧亲者自己，最好举行一种悼念逝者的仪式，以帮助丧亲者释放情绪。

第二节　不适当的“安慰话”

国外的很多哀伤辅导教科书、学术文献、科普文章都会提出具体建议，辨别什么是适当或不适当的安慰话和安慰方法。我曾把二十多位学者所列出的信息列入 Excel 表格，对各种不适当的话和事进行频率统计和比较。下面是一些最常见的不适当的“安慰话”。

（1）“我可以理解您的感受。”这是被批评最多的“安慰话”，这句话反而会使丧亲者备感孤独。有些丧亲之痛旁人是没办法理解的，除非有过类似的经历，否则不要轻易地这样说。

（2）“您可以再生一个或者领养一个孩子。”丧子父母不会觉得这是一种安慰，孩子是父母生命中最宝贵的一部分，即使另外再生或领养一个孩子，那个失去的生命也是不能被替代的，每个生命都极其宝贵。

（3）“您一定要坚强起来。”（或：“哭也没用。”）用“坚强”压抑哀伤往往容易导致延长哀伤障碍，哀伤需要通过适当的方式去宣泄。

（4）“他太优秀，所以天堂把他领走了。”多数人不相信天堂，这使得这种安慰的话显得苍白且毫无意义。而且即使丧亲者相信天堂存在，这种说法也可能会加重丧亲者的不公平感和愤怒。

（5）“所发生的一切是有因果关系的。”这句话的潜台词是说：您前世没有修好或现世没有做好所以引来灾难。对于很多丧亲者来说，这更像是一种变相的谴责。

（6）“时间可以治疗一切创伤。”这种话十分空洞，急性哀伤可以转变为整合性哀伤，但哀伤不会消失，哀伤反应也会有反复；延长哀伤障碍需要适当的干预而非靠时间让它自动消失。

（7）“他现在去了一个更好的地方。”这种安慰的话过分空洞，难以产生效果，甚至可能让对方联想到逝者生前所受的苦，因而更加悲伤。

（8）“有人比你更悲惨。”用不恰当的方法来比较谁更悲惨，这对于丧亲者来说有时是非常有伤害性的。不要转移焦点，焦点是对方的痛苦，而不是你的或者别人的痛苦。

（9）“您一切都好吗？”空洞且令人难以回答的话。

（10）“请告诉我需要我为您做些什么事。”抽象空洞，一般我们得到的回答都是“不需要、谢谢”。更合适的做法是，关怀者去观察他们眼下的需求，主动提供具体帮助。

（11）“一切都过去了，把注意力放在今后的生活上吧。”指令性语言是不适合的。而且，是否一切都过去了，那应该由对方来决定，要尊重对方的感受，而不是由关怀者来下判断。

（12）“这么长时间过去了，您走出来了吗？”用错误的期盼给予关怀对象以压力，甚至可能让对方觉得他的丧失不被理解、他的哀伤不被接纳。

（13）“至少他不再受苦了。”并不适合所有的丧亲者。这对在医院里接受气管切割受尽痛苦而无法治愈的逝者家属可能是适合的，但对创伤性丧亲者往往是不适合的。

（14）“您还有别的孩子。”（或：“您还有别的家人。”）生命是独特且不可被替代的，这样的说法也是不够尊重和共情关怀对象对逝去者的独特感情。

（15）“他被风光地安葬了。”这是空洞的安慰，因为“风光”背后可能是巨大的痛楚。重要的是，被关怀者不一定看重“风光”的仪式，在社会性的“风光”仪式与个体的情感“丧失”之间无法形成“兑换”关系，从而帮助平复哀伤。

（16）“这一切都是老天（上帝）的安排。”（或：“这一切都是命里注定的。”）这并不适合所有的丧亲者。对部分有宗教信仰的人也许有帮助，但在急性哀伤剧痛期，即使部分有宗教信仰的人也不接受这种说法。没有宗教信仰的人对这种说法会比较反感，尤其是在中国文化中，这恰恰可能启动“因果报应”的联想，引发反效果。

（17）“都是某某人不好。”这是火上浇油的安慰。因为丧亲者可能已经很愤怒了，这种安慰起不到任何帮助，只会火上浇油，使人更愤怒。

（18）“不怪您，是他/她（逝者）自己不好（或当初不听劝告）。”指责逝者是不适当的安慰，我们社会中有“死者为大”的文化，所以关怀者一定要注意避免指责逝者。

（19）“不能老是这样，您应该……”这是指令式安慰，令人反感。

（20）“就当是孩子去外地工作了。”这会使丧亲者联想到其他家庭的孩子健在，而自己却失去了孩子，因而备感哀伤。

第三节　适当的安慰话

（1）没有言语有时是最好的“言语”。前提是可以陪伴在丧亲者身边。

（2）每天发一条短信/微信“多保重”“睡好了吗”，会让人感到被适度地关爱着。

（3）“您每天的饮食都有安排吗？”从对方的回答中看能做些什么，如提供具体的生活帮助。

（4）“听到这个消息，我（们）心里特别难过，您现在心里一定很难过。”丧亲者可以感受到被关爱、被共情。

（5）引导丧亲者去回忆其与逝者过去在一起度过的有趣或值得怀念和感恩的经历。这些回忆对于丧亲者来说非常宝贵，丧亲者可以用来整合逝者过去的一些经历和今后对自己的身份认知。同时，回忆积极幽默的往事是一种能为丧亲者带来安慰的重要方式。

（6）“您是否需要帮助来建立网上个人纪念室？”丧礼和悼念是哀伤疗愈的重要一环。对于疫情中的丧亲者来说，由于处于隔离状态，网上祭奠有助于舒缓哀伤。

（7）“您是否希望加入失独父母微信群？”“同命人”互助有助于失独父母的哀伤疗愈。

（8）“我们会一直记得他/她。”温暖的安慰话，共情到丧亲者的怀念之情。

（9）“您是一个好丈夫/好妻子/孝顺的孩子，您尽了一切努力去挽留。”温暖的安慰话，提示丧亲者他/她已经为逝者所做的那部分事情，以降低他/她的负疚感。

（10）“如果没有他/她（逝者）过去对我的帮助，我今天也许还在做傻事。”温暖的安慰话，指出逝去的人具有优秀的品质。

（11）“我无法理解您的感受，但我在这里，一直想着您。”温暖的安慰话，表达陪伴，缓解丧亲者可能的孤独。

（12）“我们每个人都需要帮助，需要什么就说出来，我们一起来帮着办。”温暖的安慰话，表达了对丧亲者的支持。

（13）“没有人可以预见未来，很多事没人可以预料到。”可以帮助排解丧亲者内心的愧疚感。

（14）“您会经历很艰难的一段时间，但会慢慢放松下来，有人时间长，有人时间短，这都是正常的。”温暖的安慰话和适当的科普。

（15）“有可能的话，多找人聊聊。”提醒丧亲者要宣泄内心的痛苦，宣泄有助于舒缓。

（16）“首先保护好自己，您还有家人（孩子）需要您照顾。”在急性哀伤中帮助丧亲者分散哀伤注意力，并关注生活中其他有意义的事。

（17）“想不想给自己找点事做?”帮助在急性哀伤期的丧亲者分散注意力。

（18）“死亡有时离每个人都很近，很多事情我们无法控制。”这指出我们作为个体对很多外在事件的控制力是非常有限的，因而要避免丧亲者自责，降低其愧疚感。

第四节　不适当的“帮助”

（1）下达指令。比如您“应该”或“必须”做什么。如有建议，请用“您是否考虑过……”或“您是否可以尝试……”的语句来表达。

（2）设置哀伤阶段时刻表，或预设哀伤过程期望。如询问丧亲者：“您认为自己什么时候可以走出来?”

（3）提供错误的哀伤辅导信息。比如，哀伤“五阶段论”曾在国外风行几十年，但这个哀伤理论早已从美国政府、高校、严肃的学术网站和新的教科书中被删除。我们要切记每个人的哀伤历程都是不同的，要提供个别化的关怀。

（4）不经沟通或者许可，自己直接上门。缺乏训练的热心的志愿者不要未经许可自己上门提供服务。

（5）把逝者的相片放在微信群里。有的丧亲者需要使用回避策略。

（6）替丧亲者做重大决定。比如如何处理遗物，是否要搬家等决定，这些需要案主在急性哀伤症状有所缓解后自己决定。

（7）向丧亲者提出无益于疗伤的建议。比如申请不现实的补助，或惩罚某人。

（8）赞扬丧亲者的气色真好或好多了。这是缺乏共情的表现，“气色变好”可能引发丧亲者的自责。

（9）劝说不要流泪，或鼓励哭泣。多数丧亲者知道什么方式最适合自己，在急性哀伤期，流泪或暂时的麻木都属于正常的哀伤反应。

（10）迟迟不做任何事情。除非关怀者原本就不想帮助，否则无缘由地推迟很久的关心和问候使人感到不真诚。

（11）评判丧亲者的行为。比如“她怎么穿这么鲜艳的衣服?”“他怎么一直走不出来?”每个丧亲者都有自己表达哀伤和疗愈哀伤的方式，都有自己独特的平复哀伤的节奏，关怀者并不会全部了解。

（12）让自己过度陷于对丧亲者同情的哀伤中。这容易导致关怀者“同情疲劳”，所以要采用适当的共情关怀。

（13）忽略老人和孩子。这是常出现的误区，我们要特别注意，他们虽然在处理丧亲这件事上做不了什么事，这使得他们往往不能成为哀伤关怀的焦点，但是他们也一样脆弱，也同样可能受到丧亲的强烈冲击。

（14）孤军作战。关怀者没有调动丧亲者的社会支持系统，或者调动不足。请牢记“亲友在前”原则。

第五节 适当的帮助

（1）学习和了解哀伤反应及过程等基本常识。关怀者要充实自己的知识结构。

（2）接纳不同的哀伤方式。懂得每个人的哀伤反应因人因事以及因与逝者的关系不同而不同。

（3）对有意愿的丧亲者，帮助协调安排哀悼。网上祭奠可用图片、照片、文章来纪念，哀悼仪式有助于丧亲者的情绪舒缓。

（4）保持联系。要保持持续的联系，即使是短暂的上门问候或一句微信问候，如“昨晚睡得好吗?”

（5）陪伴。如果丧亲者有需要，您不知道说什么，沉默地陪伴在侧也是很好的安慰。

（6）倾听。做丧亲者的倾听者。

（7）用您自己独特的方法表达您的关爱和关心。千篇一律的“节哀顺变”使人感到只是一种形式，而个性化的关怀使人感到更真挚。

（8）提供哀伤科普知识。当代有影响力的主流哀伤疗愈法全都是把哀伤科普作为其核心方法之一。

（9）帮助丧亲者认识有共同经历的人。“同质互助”使人减少孤独感，更容易倾诉和宣泄。

（10）在葬礼后继续提供必要的帮助。葬礼后突然的安静往往使丧亲者陷入更深的哀伤痛苦，因而关怀者持续性的帮助极为重要。

（11）共同做一些能令人轻松的事。做一些简单的令人没有压力的事，比如陪同散步。

（12）婉转拒绝不合理的要求。注意不要去滋长丧亲者“我丧亲了，你们都应该帮助我”的心态。但关怀者拒绝的态度要婉转，注意表达的方式。

（13）做具体的事。对一些迫切的需求，从丧事办理到日常生活，提供一些实惠具体的帮助。

（14）注意说话用语的敏感性。尊重我国传统文化，用“离去”而不是“死去”。

（15）不用外观和表象评判丧亲者的哀伤状态。很多时候丧亲者不愿让人看到自己内心的情感。有的人可能表现得很“坚强”，或若无其事，但他/她回到家里眼睛是哭肿的，出门是戴着墨镜的。

（16）特殊日子的问候。节日、生日、忌日来临时，发一个微信问候。

（17）警惕严重的心理异常。当丧亲者有过于反常的哀伤反应或有自杀倾向时，要及时将情况提交给督导师或转介给有关部门及专业医生。

第六节　疫情暴发期间的案例讨论

一、案例

案主为男性，41 岁，国企职工。他的妻子于两星期前因外出采购感染新冠病毒而死亡，案主有非常强烈的哀伤、愤怒等情绪，而且睡眠非常不好。他非常担心 12 岁的女儿会感染，女儿显得比较坚强，能够帮着做饭。但案主不愿意和家人说话，包括他的父母。所以他姐姐联系心理咨询师帮助疏导案主，但案主拒绝与咨询师谈话，把自己封闭了起来。

二、案例分析

在这个案例中，案主拒绝接电话是正常的。在急性哀伤期，丧亲者与社会隔绝是常见现象。这时候案主可能很纠结：我怎么和社会保持联结，也许和社会隔离更轻松，不用强颜欢笑或重提痛苦的感受。这时很多丧亲者还常会有精神和情感上的“麻木”状态，在联结与隔离（Connection vs. Isolation）之间摇摆。此外还会有很多其他情绪和认知问题，比如愤怒和“哀伤沉思”，哀伤沉思就是钻牛角尖。有哀伤沉思的丧亲者，整个人沉浸在自己的个人世界里，不愿跟外界接触。还有，案主也许想在女儿面前显得坚强来帮助女儿。这时候，案主特别需要具体帮助、倾听、理解和关怀。此外，案主的睡眠问题也需要得到关注。

三、当下的建议

（1）咨询师、社工需要和案主的姐姐保持联系，首先以关心生活和安全为主（切记“亲友在前”原则），帮助做好家庭自我保护，提供疫情中的自我防护信息。他拒绝接别人电话，但他姐姐和他可以微信联系。需要提醒他姐姐，现在首先需要关心的是他的生活和安全，尽管他沉浸在自己的世界里，但是要帮助他提升自我保护的能力。与此同时，需要提醒他注意保证睡眠。

（2）提醒他姐姐，案主的女儿今后的心理健康与案主的哀伤反应有关。鼓励案主和女儿敞开自己的心扉，他们可以互相倾诉，彼此帮助，但不要压抑情感。如果案主保持沉默，那么女儿也会沉默压抑。我们来分享一个儿童哀伤疗愈案例。一位失去妻子的丈夫为了不在女儿面前表现出“软弱”，他一直用沉默来表现“坚强”，他觉得这样会给四岁的女儿帮助，使她不至于过于痛苦和哀伤。事实正好相反，这会造成孩子的困惑。他连续几个月在他女儿面前不流泪，不向他女儿表达痛苦。最后他女儿忍不住了，泪眼汪汪地对父亲说：“爸爸，妈妈死了，难道您不感到难过吗？”这句话把他的情感激发了，他一下子就哭了起来。从此以后他就跟女儿互相交流自己的感觉和情绪。这种交流对那位父亲和女儿都是有益的。关于儿童哀伤关怀，父亲或者母亲不能用假装坚强来压制自己。在孩子面前用正常的方法来表达您的情绪，实际上是对孩子最大的帮助。

（3）向她姐姐提供哀伤科普知识，比如“哀伤疗愈之家”公众号的文章、音频等，让她把这些信息提供给案主。

（4）社工和咨询师可以询问是否需要帮助来进行网上祭奠，并提供如何通过网站来做祭奠的信息。做好祭奠哀悼工作对今后的哀伤疗愈至关重要。

（5）请她姐姐提供其他可以直接帮助案主而且案主能接受的亲友的联系方式，邀请大家来提供安慰和帮助，同时为他们提供基本的哀伤疗愈信息。

（6）把案主信息输入数据库，注意持续追踪、关注和支持。疫情中失去配偶属于一种创伤性丧亲事件，以后较可能会出现创伤后应激障碍、延长哀伤障碍等心理障碍，所以持续追踪是必要的。

（7）把案主女儿信息输入数据库，注意持续追踪、关注和支持。青少年的哀伤辅导也非常重要。很多青少年失去的可能是父亲、母亲，也可能是爷爷、奶奶。很多爷爷、奶奶是跟孙辈在一块生活的，感情特别亲密。儿童和青少年的丧亲哀伤往往会留下巨大的心理创伤，他们也需要被关注。

附：直播时的提问与答疑

Q1：如果有的家长将丧亲事件归因于某个事件或人，而且非常执着和无法释怀，应该怎么办？

A1：归因认知容易产生愤怒。一般有两种归因。第一种是合理的，比如酒驾造成亲人死亡，酒驾显然是造成丧亲事件的原因，这会引发极大的愤怒，丧亲者希望看到正义得到伸张，肇事者受到惩罚。这种归因是合理的，但仅靠愤怒不是解决问题的办法，还是需要通过法律程序。既要肯定案主认知的合理性，也要帮助舒缓他的愤怒。第二种是不合理的归因，比如把不可治愈的疾病归为医生不负责任，这时要在认知上给他提供帮助。

Q2：如果对方说“你不会理解我的，没有人理解我”，应该怎么办？

A2：这个很正常，很多人都会这么说、这么想。我们可以说：“我确实不能理解您所经历的痛苦，但是我可以并愿意为您做具体的事情，比如我可以帮您采购等。”

Q3：哀伤介入时机，什么时候是最好的？

A3：第一时刻是亲友介入。在亲友资源有限时，社工和心理咨询师也要马上介入。在急性哀伤期，社工和咨询师通过帮助亲友提供间接帮助。咨询师的介入通常是在后期做系统的哀伤咨询和干预。当然在剧痛期，案主出现严重症状或自杀倾向，咨询师也应该马上介入。还有丧亲者没有任何亲友资源，而且案主本人也愿意接受帮助时，社工和咨询师立刻介入也是恰当的。

Q4：一位阿姨的老伴因感染新冠病毒去世三天了，后来阿姨也感染了，今天刚出院，他的儿子什么时候告诉她合适？

A4：尽量等阿姨身体状况稳定下来再告知。

Q5：我朋友的弟弟在一年前去世，但是我朋友没有告诉他的母亲。他一直瞒着她妈妈说弟弟出国培训了，用弟弟的微信和妈妈保持联络，这样适当吗？

A5：如果身体状况好，这个消息不要拖，一般第一时间就应该告诉她。但是方式要适当。哀伤必须经历，如同赤裸着双脚从炭火上走过。如果他母亲身体很不好，暂时的隐瞒还是必要的，要具体情况具体对待。丧亲者有时比咨询师更了解他们该做一些什么事情。在某些特殊敏感问题上，他们比我们了解更多内情。但需要提醒一下，明明瞒不过去的隐瞒可能会对人伤害更深。

Q6：如果是在医院里工作，我们知道这个人将会去世，那我们要对丧亲者做哪些预防性的工作呢？

A6：这是关于预期性哀伤的问题。当我们意识到死亡即将降临到亲人身上，我们会感到哀伤。我们需要一整套的程序来处理预期性哀伤，但需要注意的是，预期性哀伤也要分不同的情况。预期一个年迈并长久卧床老人离世的哀伤，和预期一个 16 岁孩子离世的哀伤是完全不同的。我国需要系统的相关培训，目前还在起步阶段。

Q7：对于日常生活中非丧亲事件的哀伤，比如家中长辈生病了，我们该怎么办？

A7：我们用一个更典型的例子，比如为失恋而痛苦。有学者把这种痛苦称为“象征性哀伤”。如果这种痛苦导致了正常功能受损，世界卫生组织发布的《国际疾病分类（第十一版）》（ICD－11）称其为“适应障碍”（Adjustment Disorder）。这与丧亲哀伤是不同的，因为这里没有死亡事件发生。像做手术暂不告诉长辈，我觉得这是可以的。这个事情过去就过去了，没有必要大张旗鼓地讨论过多，因为它不是真正的死亡。

Q8：创伤中的内疚情绪应该如何处理？

A8：内疚是一种常见而且很难处理的情绪，它分为有某种合理理由的内疚和缺乏合理理由的内疚。不管是哪一种内疚，这里最大的问题就是，人们把自己放在一种错误认知上，好像我们有某种预测和控制能力，如果我做了A就不会发生B。但实际上我们都没有能力去预测和控制那么多的外界变化。对于内疚，我们需要调整和改变这种认知。另外，我们要意识到，在急性哀伤期，即便我们提供很多心理疗愈，效果都是很有限的。但是我们不能鼓励丧亲者抑制哀伤，或鼓励他一定要“坚强”。在短期内，我们可以考虑使用一些暂时的回避策略，比如说帮助丧亲者分散注意力，让他免于始终聚焦于丧失经历等。

第四讲　疫情暴发期间死亡焦虑的识别、评估与应对

程明明

在我们的传统文化中存在对死亡的忌讳。弗洛伊德曾说过，人类有本能的死亡恐惧。虽然不愿面对、害怕面对，但又必须去面对，这是人类最无奈的时刻。正如在当下的疫情中，我们感受到了无数次的这种无奈。因此，对如何理性地看待死亡、如何识别身边的死亡恐惧、如何去克服它等这些议题的公开讨论，对于正处于这种焦虑中的人或是希望去帮助他人降低焦虑的助人者来说都十分必要。

如我们通过热线接听得知的一个案例：一名确诊患者，家里有位至亲刚刚去世，情绪非常低落，当这位患者谈起他逝去的家人的时候，流露出的不仅是哀伤，还有对死亡的恐惧。这就要求我们助人者做出适当的回应。更为重要的是，通过在当下这个特殊时期对死亡的正面探讨，我们也开始倡导将死亡教育、生命教育、安宁疗护等相关议题纳入全民教育中，这是推动社会文明发展的一个不可或缺的重要内容。

第一节　关于死亡的概述

无论我们如何回避，在人类发展的历史上，死亡的威胁总是如影随行。黑死病、汶川地震、美国“9·11”恐怖袭击，还有各种战争，这些都在时刻提醒着我们，死亡带来的是一种不可抗拒的恐惧。

一、什么是死亡

我们通常所说的死亡大多数情况下是指生物学上的死亡。有学者

提出“人的三次死亡”这一观点，即“人的一生要死去三次”。

- 第一次死亡是生理性死亡：当你的心跳停止，呼吸消失，你在生物学上被宣告了死亡。
- 第二次死亡是社会性死亡：当你下葬，人们穿着黑衣出席你的葬礼，他们宣告，你在这个社会上不复存在，你从你的人际关系网中消失。
- 第三次死亡是世界性死亡：这个世界上最后一个记得你的人把你忘记，于是你就真正地死去了。

其实对于死亡，东西方的哲人早有真知灼见。我们的先人孔子提出了“未知生焉知死”，主张对死亡采取存而不论、回避、搁置的策略，执着于现实的生活，也就是活在当下。德国哲学家海德格尔提出了向死而生，主张勇敢地面对死亡，积极地生活。值得一提的是，死亡焦虑也可以说是所有宗教信仰的源泉，这些信仰以不同方式抚慰我们的心灵，减轻我们不得不面对的人生苦短之痛。在不同文化中以不同面目出现的神不但带给人们永生的希望，减轻死亡的恐惧，而且通过提供永恒存在及富有意义的生活蓝图来缓解各种存在焦虑。

那么当死亡进入科学视野中时，它会是什么？不同的学科，例如哲学、伦理学、心理学、社会学、人类学、医学、政治学和教育学等对死亡有着不同的阐释。这些学科在同一领域的研究共同推动了一门新兴学科的产生，也就是所谓的“死亡学”，这使得人们对于死亡的探讨更加科学和专业。随着科学的发展，不仅限于这些学科，更多交叉学科将致力于死亡研究及提升死亡质量的研究（见表 4－1）。

表 4－1　不同学科中的死亡研究

学　科	涉及的主要领域	举　例
哲学和伦理学	死亡在人类生命中的意义；价值观和伦理观的问题	“好的”与“坏的”死亡；死亡概念：自杀与安乐死
心理学	死亡对个体精神和情绪的影响	悲痛；应对晚期疾病；死亡焦虑
社会学	群体如何组织个体去处理与濒死和死亡有关的社会需要和社会问题	对灾难的应对；对死者的处理；儿童的社会化
人类学	跨时间和跨空间，文化和环境在个体和社会如何应对濒死和死亡中的作用	葬礼仪式；祖先崇拜；纪念仪式
医学	医疗背景下对濒死和死亡的处理；诊断和预后，处理患者、医生、护士以及其他护理人员的关系	治疗选择；临终医院和保守治疗；疼痛和症状控制
政治学	与濒死和死亡有关的政府行动和政策	死刑；器官移植规则；战争行动
教育学	提供死亡教育，回应与死亡相关的问题和引导公众意识	学校里的教学课程；团体项目

二、人们如何看待死亡

对于死亡的看法与态度因人而异，这会传达给个体不同的情绪信号。我们要了解死亡带来的恐惧，就要先了解人们是如何看待死亡的。有学者总结了人们对死亡的五种基本认知方式（见表 4－2）。

表 4-2　人们对死亡的五种认知方式

认知方式	解　　释
死亡是顺其自然的	死亡是不可避免的（接受）
死亡是让人不安的	死亡是对此生的最后审判（善有善报，恶有恶报）
死亡是熟悉又陌生的	死亡是自然的终结，但也是危险的，是一个矛盾体
死亡是生者不能逾越的另外一个世界的界限	阴阳相隔，对于生者是难以接受的永别，对于逝者是与另外一个世界的亲人团聚
死亡是讳莫如深的（死亡禁忌）	死亡议题是应当避讳的，在公众场合讨论死亡让人讨厌

不难看出，人们对于死亡的这五种认知形态是整个社会，包括文化、历史、宗教等对死亡认知的缩影。这几种形态有时候是重叠的，甚至有时在一个人身上能体现出几种不同的认知形态。对死亡的认知是影响死亡焦虑的重要因素，这为专业助人者的临床服务提供了一个识别工具。

第二节　死亡焦虑的理论

一、死亡焦虑的定义

焦虑是由紧张、不安、焦急、忧虑、恐惧等感受交织而成的情感状态。死亡焦虑是由死亡直接或间接引起的一系列的情绪反应，包括恐惧、威胁、不安、苦恼和其他相似的负面情绪反应。此外，还有精神动力学意义上的焦虑，它是指不针对某一明确物体的弥散性恐惧，也就是没有具体指向性的恐惧或焦虑，这种焦虑在临床上较难识别。

学界并没有对死亡恐惧与死亡焦虑进行特别的区分。对于二者间的关系，存在主义心理学家亚隆认为，死亡恐惧是死亡焦虑的来源。

疫情之下，我们更想了解，谁会产生死亡焦虑？以下我们用四个在疫情中发生的案例来说明。

案例 1：

一位确诊患者："我因感染新冠病毒住院，医院只有我一个人，现在非常恐惧，害怕死亡，不想离开这个世界，我的孩子需要我，家庭需要我，但我好无力，我该怎么办？"

案例 2：

一位年轻的大学生疑似患者："我爸爸前几天去世了，妈妈已经确诊，目前在医院的重症病房，我今天也开始发烧了，我好害怕。"

案例 3：

一位一线护士："我的一位患者昨天去世了，之前他的爱人求我一定要救救她。最后经过抢救，这位年轻的患者还是去世了。我很害怕，也很自责。上班带着厚重的装备不能哭，不敢去做尸体护理，我还出现了幻觉，很怕死去的患者醒来找我。下班回到宾馆里不敢洗澡，不敢睡觉，就一直哭。而且我的家人都在外地。"

案例 4：

一位情绪低落的儿子（非疫区）："最近一段时间，我爸爸晚上也不睡觉，饭吃不下，总觉得自己已被感染，不相信任何人。前一阵子胃疼去医院，看到了一个垃圾桶里有很多口罩，回来以后就说自己被感染了，他给医院的医生打过一个电话，他告诉我们那位医生不仅要控制他，还要掌控我们全家的生死，还一直跟我说有人监听他的电话。"

从这四个案例中，我们可以发现，当疫情发生时，患者（案例1）和疑似患者及其家属（案例2）、一线的医护人员（案例3）以及与殡葬相关的工作人员、一线的社区工作者、警察等工作人员（未举例），还有普通的民众（案例4）等，我们每一个人都被死亡带来的焦虑或多或少地影响着，尽管有时候我们可能未必能觉察到。

二、死亡焦虑模型

当提到死亡恐惧和死亡焦虑的时候，我们到底在害怕什么，焦虑什么？一位德国社会学家诺贝特·埃利亚斯在80多岁时创作了《临终者的孤寂》一书，他在书中道出了自己的心声：他害怕被隔绝在医院高墙内，在无数医疗设备的包围中，在没有人情味的医院规定下孤独地死去，他恐惧的是孤独。正如此次烈性传染病的疫情中在隔离病房里无法见到至亲的患者，隔离给他们带来了一种难以承受的恐惧和孤独。

死亡焦虑是一个多维度的概念，因此即使两个人都说他们害怕死亡，但两人恐惧的实际内容也可能会不同。死亡焦虑的“双维模型”和“多维模型”能够充分说明焦虑的不同来源与导向。

1. 死亡焦虑双维模型

雷明（Michael Leming）提出了我们的焦虑来自两个交叉维度：一个维度是自身的死亡和重要他人的死亡，另一个维度是死亡的过程和死亡的状态。若放到一个平面上，就有四个维度（见图4-1）。

一项针对1 000多人的调查研究显示，65%的调查对象对“依赖他人”和“痛苦”感到高度焦虑。只有15%的人对后世和身体的终极去向感到同等程度的焦虑。这说明，是死亡的过程而不是死亡的事实让人们感到更多的焦虑。

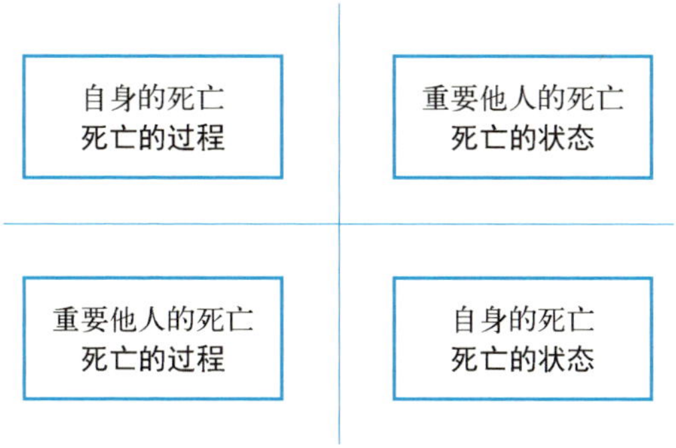

图 4－1　死亡焦虑的双维模型

针对这一死亡焦虑的双维模型，雷明提出了死亡焦虑的 8 个类型：依赖他人，死亡过程中的痛苦，死亡过程中的屈辱，死亡过程中可能遭受的孤立、隔离与抛弃，亲人的离去，对来世的担忧，死亡的结局，身体的命运。

表 4－3 与表 4－4 是针对这 8 种死亡焦虑类型更加具体化的描述。需要说明的是，上文案例 3 中的那位护士，她说她怕死者醒来找他，这里对应的是“对他人想法的恐惧”。这位护士可能会设想患者对她说：“你为什么不尽力救我，跟我家人说要救我回来，为什么让我就这样离开了?”她觉得患者在责怪她，她可能有内疚和负罪感，而这些感受也带来了她对死亡的一种恐惧。

表 4－3　与自我死亡有关的死亡焦虑

死亡过程中	● 对依赖的恐惧 ● 对痛苦感的恐惧 ● 对耻辱感的恐惧 ● 对孤立、隔离与被抛弃的恐惧 ● 对离开亲人的恐惧

（续表）

死亡之后	● 对来世的担忧 ● 对未知的恐惧 ● 对神圣审判的恐惧 ● 对灵魂世界的恐惧 ● 对虚无的恐惧 ● 对死亡最终结局的恐惧 ● 对未能完成目标的恐惧 ● 对实体身份及象征身份可能走向终结的恐惧 ● 对结束所有社会关系的恐惧 ● 对身体最终命运的恐惧 ● 对身体腐烂变质的恐惧 ● 对被埋葬的恐惧 ● 对死后得不到尊重的恐惧

表 4－4　与他人死亡有关的死亡焦虑

死亡过程中	● 对经济负担的恐惧 ● 对经历他人痛苦死亡过程的恐惧 ● 对无法解决他人生理问题的恐惧 ● 对无法解决他人心理问题的恐惧 ● 对死去亲人的恐惧
死亡之后	● 对来世的恐惧 ● 对他人想法的恐惧——“他们在想什么” ● 对幽灵、灵魂、恶魔等的恐惧 ● 对与死者永别的恐惧 ● 对游离在空间中的恐惧 ● 对结束与死者关系的恐惧 ● 对亏待死者的愧疚 ● 对再也无法见到死者的恐惧 ● 对失去与死者相关的社会关系的恐惧 ● 对死亡对象的恐惧 ● 对尸体的恐惧 ● 对踏进墓地的恐惧 ● 对不知在死亡相关的场合如何表现的恐惧

从死亡焦虑的这8个方面我们可以看出，我们所恐惧的具体内容取决于死者是谁。从临死之人的角度来看，他可能会对自己濒临死亡（或死后）的情况对他人产生的影响而感到焦虑，他也可能会担忧别人会如何对待自己。从生者的角度来看，他可能会为亲人的死亡所带来的经济、情感和社会问题感到担忧。

2. 死亡焦虑综合模型

在死亡焦虑综合模型（见图4-2）中，有三个决定性因素：过往的遗憾、与未来联结的遗憾以及死亡赋予的意义。“过往的遗憾”是指过往的经历中未曾实现的愿望，这里举个简单的例子：有一对夫妻，丈夫一天早上上班离家前想亲吻一下妻子，妻子拒绝了，当天丈

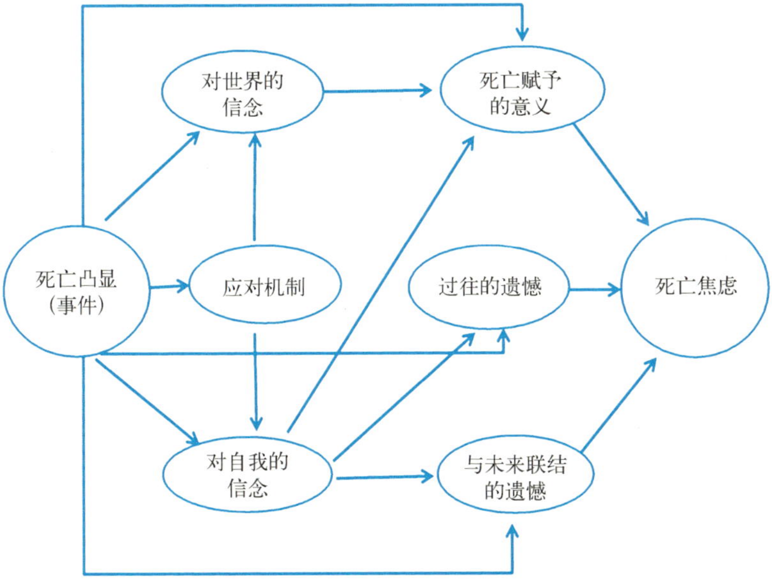

图4-2 死亡焦虑综合模型①

① A. Tomer and G. Eliason, “Toward a Comprehensive Model of Death Anxiety,” *Death Study* 20, no. 4 (1996): 343-365.

夫在上班途中遇到车祸死了，对于这个未曾实现的吻，妻子一直把它当作“过往的遗憾”挂在嘴边。“与未来联结的遗憾”是指曾经许下的诺言或愿望，由于死亡的提前到来而它永远无法在未来实现。“死亡赋予的意义”指的是个人如何定义和看待死亡和如何赋予它意义，是积极的还是消极的，有意义的还是无意义的等。

这三个因素以一种复杂的方式与死亡凸显（Death Salience，即意识到死亡）相联系，并受到应对机制的调节，影响着个体自我和世界的信念。换句话说，死亡凸显可以激活应对机制，应对机制包括生命回顾、生活规划、文化认同和自我超越。这种应对机制会影响对自我和对世界的两种信念，并通过它们对死亡焦虑的三个决定因素产生影响。

理论可以指导实践，因此，对以上模型的了解有助于我们后续的应对及开展干预。比如，我们如何更好地启动应对机制，我们如何增强我们自身的信念，比如怎样的人生才是有意义的和值得过的，这些对抵抗死亡焦虑具有重要意义。

此外，一些人口学统计变量也影响着死亡焦虑，比如性别、年龄、宗教等。女性对死亡的焦虑水平高于男性；年长的人看待死亡比年轻人豁达，中年人的死亡焦虑水平高于老年人和青年人，大学生的死亡焦虑水平则相对较低；有坚定宗教信仰的人会更平淡地看待死亡。

第三节　死亡焦虑的识别

一、死亡焦虑的不同表现方式

应该说，每个人都是惧怕死亡的。对于有些人来说，这种恐惧不会直接出现，它乔装打扮成心理疾病或是一种普遍的不如意感；有些人却体验到一种明显的、能够意识到的死亡焦虑；还有一些人陷入死亡恐惧，完全不能享受人生的欢乐和感到满足。那么，如何识别这些死亡焦虑？一般来说，死亡焦虑有三种不同的表现方式：外显的死亡焦虑、隐秘的死亡焦虑和没有指向的焦虑（通常是死亡焦虑）。

外显的死亡焦虑相对容易识别，对死亡的看法不同会引起不同程度的恐惧。以下是外显的死亡焦虑的一些认知方式及表现。

- 大多数人的死亡焦虑常常伴随着对于邪恶、遗弃或是灭绝的恐惧。
- 有些人害怕永世的罪恶，担心自己将永远地死去无法复生。
- 有些人无法理解死后“不存在”的状态，想知道自己死后到底会去哪里。
- 还有些人的恐惧聚焦于个人世界的彻底消失。
- 另一些人则为死亡的不可避免焦灼不已。

隐秘的死亡焦虑则来自我们的无意识和梦，可以用弗洛伊德的冰山理论来解释。死亡焦虑被压抑到无意识中，我们常常无法体会到，梦给了焦虑一个通向意识的“康庄大道”。不难理解，我们每个人都或多或少地做过与死亡相关的梦，有时候，我们会从这些与死亡有关的噩梦中惊醒，有时候，梦的故事情节特别清晰，甚至在未来的某个时候，我们还能清晰地记起来曾做过的那个恐怖的梦。因此，我们的无意识和梦也在时刻提醒着我们——死亡无处不在。

表 4－5 通过一个案例呈现没有指向的死亡焦虑。

表 4－5　没有指向的死亡焦虑

助　人　者	案　　　　主
	我喘不过气来，头痛、恶心，还不停地打嗝、心烦
你从什么时候开始有这样的感受？	我从隔离那天开始，刚开始那几天特别难受，到第三四天我觉得无法忍受就去医院看了医生（应激）
那医生怎么说？	医生说让我回去放松，好好休息，没事
那你回来后怎样了？	刚回来那几天还可以。过不了四五天，又不行了。开始恶心、头痛，吃不下饭。晚上睡不着，好不容易睡着了，要么就是做噩梦，要么半夜突然就醒来，醒了又睡不着了，难受
那你睡不着，在想什么呢？	什么都想，乱七八糟的。对照自己的症状觉得自己是不是被传染了，也会担心女儿被传染。有时会想我年前刚有的一个小投资，这次肯定血本无归。我还会想我今天出门遇到的人或是去超市碰到的东西会不会有病毒，从头到尾就像演电影一样再过一次，越想越觉得自己被感染了。就这些事儿，我知道我不该想这么多，就是控制不住地想，很着急（强迫焦虑）
那你白天做什么？	白天就不停地刷手机或看电视，还有给女儿做饭。看着看着心里就烦，饭也不做了，看着饭就想吐

由这个案例可见，死亡焦虑有其他的转化形式，有些人的抑郁、焦虑的根源很大程度上来自死亡焦虑。正如上文提到的对死亡焦虑的定义中，有些焦虑不一定有明确的恐惧目标。

在新冠疫情中，哪些事件能引发高度的死亡焦虑？这些事件可能是：

- 自己身患重病。
- 身边亲近的人过世。

- 从事暴露在死亡面前的工作（医护人员、殡仪馆相关工作人员、社区工作人员等）。
- 基本安全感面临难以抗拒的巨大威胁。

从理论上讲，这些事件带来的焦虑强度因人而异，若有事件叠加，焦虑程度可能更高。

二、疫情下死亡焦虑的特点

在被疫情笼罩的日子里，人们比平时任何时候都怕死。平日里的小事，在疫情下，都被无限放大。越是担忧，身体越是不适；越是不适，就越容易产生疑病倾向。严重的心理暗示，让身体陷入了“假病”状态，没病也可以臆想出各种症状，导致恐惧的加剧。恐惧一旦扎根，就很难拔除。人们成了惊弓之鸟，稍微听到一点风吹草动，联想到的都是“死亡”。可怕的想象带来的是令人难以理解的荒诞行为。

在疫情之下死亡焦虑呈现出的特点包括：

（1）死亡焦虑波及每个人、每个家庭。每个人都以自己的方式恐惧着死亡。

（2）死亡焦虑因人、因地、因时而异。因人是由于对于死亡不同的认知方式、性别与年龄等因素，死亡焦虑对不同的人的影响会有所不同。因地是与疫情暴发中心相距的距离：离疫情暴发中心点距离越近，人们的焦虑程度越高；疫情越严重的地区，人们的焦虑程度越高。因时是疫情发展和推进的时间，当我们看到昨天的确诊病例为200～300 人，到今天变为 2 000～3 000 人时，焦虑程度会高很多。

（3）死亡焦虑在一定程度上可能会被“放大”，甚至无中生有。

比如以下这些情况：

- 在超市购物时遇到收银员咳嗽，觉得自己被传染了；
- 着凉了头疼，认为自己疑似了；
- 没吹干头发感冒，直接判定自己确诊了；
- 明明没病，却频繁跑去医院检查。

(4) 死亡焦虑也会跟病毒一样具有一定的“传染性”。焦虑是情绪的一种，我们的情绪能够传染给周围的人，所以死亡焦虑也不例外。

第四节　死亡焦虑的评估

如何对死亡焦虑进行科学的评估？学界提供了一些评估工具，本文将介绍一个简洁的评估工具以及两个较为权威的量表以供参考。

一、单条目死亡焦虑量表

单条目死亡焦虑量表由阿卜杜勒哈列克（Abdel-Khalek）发展而来，该量表只有一个条目——“我害怕死亡”（I'm afraid of death）。量表采用李克特 7 点评分法，从 1 到 7 表示从非常不同意到非常同意。得 7 分，表示死亡焦虑水平最高。

二、死亡焦虑量表（T-DAS）

死亡焦虑量表（T-DAS）由坦普勒（Templer）发展而来，量表共有 15 个条目，评分为是或否，分值在 0～15 之间，分数越高表示死亡焦虑程度越高。题目 3、6、7、13、14、15 为反向计分题。原始的坦普勒英文版的量表并未分维度，各国在对该量表的文化适用性进行修订的过程中，形成了各自文化下的多个维度。表 4－6 是国内学者将该量表进行文化调适后形成的 4 个维度。

表 4－6　死亡焦虑量表（T-DAS）中文修订版

维　　度	条　　　　目
情感	1. 当听到人们谈论世界末日时，我会吓得发抖； 2. 关于死亡的话题令我非常困扰； 3. 人们谈论死亡时我不会紧张； 4. 我看到死尸会毛骨悚然； 5. 我非常害怕死亡
压力和痛苦	6. 我不是很害怕患癌症； 7. 我一点也不害怕死亡； 8. 我害怕痛苦地死去； 9. 我想到自己要接受手术治疗会害怕； 10. 我很害怕心脏病发作
时间意识	11. 我经常会想生命如此短暂； 12. 我常常为时间过得飞快而痛苦
认知	13. 我很少想到死亡； 14. 我对于未来没有什么可恐惧的； 15. 我从来不会因想到死亡而烦恼

三、死亡恐惧量表

死亡恐惧量表由雷明基于他的死亡焦虑 8 个类型的理论发展而来，因此，量表共有对应的 8 个维度（见表 4－7）。量表采用李克特 6 点量表，从 1 到 6 表示从非常赞同到非常不赞同，题目 9、10、20、23、25 为反向计分。得分越高表示对死亡的恐惧程度越高。3.5 分以上说明对死亡有轻微恐惧。

表 4-7 死亡恐惧量表

维度	条目
害怕依赖他人	1. 在我临终时希望他人照料自己； 2. 我害怕依赖他人照顾自己的生理需求； 3. 在我临终时不希望成为别人的经济负担； 4. 因不治之症丧失自理能力让我焦虑不安
害怕痛苦	5. 我害怕自己在痛苦的折磨中死去； 6. 我害怕死亡的过程漫长而缓慢
害怕丧失尊严	7. 临终时丧失外表吸引力让我苦恼； 8. 我怕临终时的无助感
害怕隔离、分离与孤独	9. 我不担心独自面对死亡； 10. 我对死后独自长眠没有感到不安； 11. 和挚爱之人阴阳相隔让我焦虑不已
对后世担忧	12. 不清楚死后是什么样子让我心神不宁； 13. 对后世的生活我很困惑； 14. 一想到死后可能接受审判我就感到担忧
害怕死亡之最终结局	15. 死后人将不能再思考让我害怕； 16. 如果死时梦想尚未实现会让我挫败无助； 17. 时光如梭总是让我措手不及； 18. 可能英年早逝的念头并不会让我苦恼； 19. 死时丧失一切身份地位会让我惊慌
害怕离挚爱而去	20. 对于我的死亡可能对他人带来的影响我并不烦恼； 21. 我担心至亲之人不能在情感上接受我离去的事实； 22. 我担心自己可能成为他人的经济负担
担心自己身体的最终命运	23. 自己的身体会腐烂的事实不会让我忧虑； 24. 看到尸体让我不安； 25. 死后自己的身体可能被放置于棺材之中不会让我担忧； 26. 一想到自己死后可能被埋起来让我恐惧不安

从临床评估来看，问卷越简单越好用，所以看起来似乎第一个问卷（见表 4－5）相对好用。但问题是，我们服务的案主在多数时候不会直接告诉助人者他害怕死亡。而且，我们也较难直接询问案主“你害怕死亡吗?”这样的问题，因为这样问很有可能会引起案主的恐惧或愤怒。第二种问卷（见表 4－6）15 个条目看起来不多，作为问卷的条目相对适中。但在临床使用时，仍需花费不少时间。

第三种问卷（见表 4－7）有 26 个条目，若用在临床评估中，显得有些多。但这 26 个条目对应了 8 个维度，而这 8 个维度又对应着死亡焦虑的 8 种类型，因此，在量表使用过程中，建议临床助人者以 8 个维度为参考开展评估，26 个条目要内化在自己的知识结构中。我们可以在与案主谈话的过程中，对照 8 个维度进行一个粗略的评估。换句话说，该问卷可浓缩成 8 个访谈条目，这是临床上最为实用的一种评估方式。

第五节　疫情中死亡焦虑的应对

一、觉醒体验

疫情将死亡在我们所有人面前曝光。我们如何克服死亡带来的焦虑？存在主义心理大师亚隆曾说过：“直面死亡会引发焦虑，却也有可能极大地丰富你的整个人生。”在面对死亡事件的时候，这种转机是如何实现的？亚隆随后提出了一个概念——觉醒体验。他认为那些动人心魄的或难以平复的体验才可以引发一个人的真正觉醒，把他们从日常琐事中拉出来，拉进本真的存在之中。这就是所谓的“觉醒体验”。人的一生会经历一些引发觉醒体验的重大生活事件，这些事件包括丧失身边亲爱的人、患有危及生命的疾病、遭遇重大创伤以及安排遗嘱等（见表 4－8）。

表 4-8 引发觉醒体验的人生事件

1	丧失身边亲爱的人
2	子女离家（空巢期）
3	患有危及生命的疾病
4	失业或更换职业
5	遭遇重大创伤，如遇火灾、强奸、抢劫、瘟疫等
6	退休
7	安排遗嘱或立下遗嘱
8	搬至养老院
9	校友重聚
10	能够传达内心深处信息的有影响力的梦等
11	重要决定，如结婚、离婚、分手等
12	结束（心理）治疗
13	一些重要的生命里程碑，如周年纪念、五十岁大寿、六十岁大寿等

女孩素素写下了从感染新冠病毒到康复过程中 20 天的心路历程。她在网络上留言，说自己曾写下遗书。在经历生与死的考验后，素素获得了“觉醒体验”，她对生命意义有了新的理解。

女孩素素的心路历程

随后，我经历了人生中最为惨淡的大年三十。再没有催婚，再没有亲人的团聚，再没有丰盛的年夜饭，再没有亲人的围绕和拜年祝福，只有满满的恐惧和不安，甚至是整夜的失眠。这是我和妈妈“大年三十的盛宴”，我一边哭，一边写好了留给妹妹的遗书，后悔自己还有很多来不及去做的事，一整夜都在回忆自己短暂但美好的前半生，生怕自己像有些报道里说的，双肺都突然白了，随时呼吸困难，随时有生命危险，随时会离开这个美丽的世界……（20天的生病历程）

在你经历一次与死神擦肩而过之后，真的，从那一刻起，你会对所有的事都释然，能健康地活着，比什么都重要。如果不经历失去，谁会知道重逢有多么美好？隔离在家的这么多天，我才发现，天天躺着并没有那么让人梦寐以求。只有对社会有贡献，能发挥自己的能量，才是生命最大的意义。

（素材来自网络）

二、死亡焦虑的应对方法

尽管觉醒体验在某种程度上缓解了我们对死亡的恐惧和焦虑，但助人者仍可以采用其他一些方法来应对死亡焦虑（见表4-9）。

表4-9 应对死亡焦虑的方法

方　　法	内　　容
改变对死亡的认知	重新审视死亡的意义
减少过去与未来的遗憾（死而无憾）	尽可能地活在当下
	抱有希望，制订生活目标和计划
探寻生命的意义	回顾人生，运用榜样的力量
脱敏训练	正念训练、看书、看电影、主题讨论、参加死亡教育课程
通过“关系”克服死亡焦虑	适度的人际交往，如与亲友交流、参与社区活动、与邻里联结

第一，改变对死亡的认知。不同的死亡认知方式和死亡焦虑模型理论都强调认知在应对死亡焦虑中的重要性。我们需要重新审视死亡对于我们的意义，以更加积极的视角和正确的方式来看待死亡，这将有助于降低死亡焦虑的水平。

第二，减少过去与未来的遗憾，做到死而无憾。可以使用的方法首先是聚焦当下、活在当下。我们的很多焦虑常常都是源于对自己过往日子的遗憾、悔恨、不满等，以及对无法掌控的未来的担忧。但只有在我们聚焦当下时，我们才能充分感受到实实在在的每一天带给我们的快乐与忧伤。“增加现实的质感”才能获得真正活过的人生，而不是虚度的人生。其次，我们还需要建立生活的目标。有研究指出，生活目标与死亡焦虑呈负相关，目标管理可以减轻死亡焦虑，制订目标也能让我们看到未来的希望。

第三，探寻生命的意义。意义治疗心理学大师弗兰克尔（Frankl）在《活出生命的意义》一书中，以其在纳粹集中营的故事告诉我们：当我们觉得活得有意义的时候，就不会惧怕任何形式的死亡。无意义的人生，也是生命的殆尽，最终导致的行为就是自杀。

第四，脱敏训练。这种方法对于有相对强烈的死亡焦虑症状的患者有用。比如正念训练、看书、看电影、参与以死亡为主题的讨论、参加死亡教育课程等。

第五，通过“关系”克服死亡焦虑。这一方法是由心理学家亚隆提出来的。适当的人际交往，包括与亲友和社区形成良好的互动联结，有助于降低死亡焦虑的水平。他认为，一个人不仅存活于个人的生命历程中，也可以通过自己的价值观和行为举动将生命传承下去，到下一代，甚至代代相传，这就是波动影响，波动影响有助于降低我们的死亡焦虑。

对于当前疫情下的患者以及一线的工作人员，这里提供一些缓冲焦虑的方法（见表 4－10）。

表 4－10　疫情之下特殊人群死亡焦虑的应对方式

特殊人群	应　对　方　法
确诊患者、疑似患者	● 联系至亲，建立起家庭、社会支持系统； ● 医护人员在最大程度上注入“希望”； ● 给予自己积极暗示； ● 重新定义人生的意义和死亡的意义； ● 写下遗书
一线医护人员或一线工作者	● 尽量避免或降低“替代性创伤”和“死亡焦虑的传染性”（某种程度上承载着逝者家属的死亡焦虑）； ● 接纳对死亡的恐惧和焦虑的情绪（将情绪正常化和对负向情绪的剥离）； ● 改变非理性的认知，如“患者的死与我有关”“没有救活他是我做医生的失败”，增强积极心理认知方式，如“我已经尽最大努力了”； ● 得到亲友、同事的支持与社会资源的支持

第六节　本讲要点及结语

（1）死亡焦虑是一种正常的情绪反应，每个人都会有，只是程度不同。

（2）过度的死亡焦虑会引发情绪认知失调、生理系统紊乱等功能性的障碍。

（3）死亡焦虑是可以通过认知调节、情绪放松、脱敏训练这些方法来缓解的。

（4）作为助人者，为一个面临死亡的人提供的最大帮助，莫过于你的在场陪伴、接纳与支持，向患者传达你愿意给予他现实的帮助，无论他多么恐慌，都不会回避或抛弃他的这种积极的态度。

对于个体而言，死亡恐惧最强烈的部分是对于自身死亡过程的恐惧，我们希望这个过程是有尊严的和有质量的。

《西藏生死书》上说：我们是一个没有死亡准备的民族。关于死亡这堂课，严格来说，中国人是集体缺课的。我们不是主动恐惧死亡，而是集体采取逃避的态度。这样的结果就是生命教育和死亡教育两课的缺乏。我们需要建立国家死亡教育与生命教育体系，大力倡导安宁疗护的理念，这不仅是国家治理的重要内容，也是衡量社会文明发展程度的重要指标。

第五讲　疫情暴发期间以家庭为中心的居丧期哀伤辅导

卢　建[1]

第一节　疫情暴发期间一个家庭居丧的案例

刘女士，56岁，已婚，与丈夫均为退休人士，唯一的女儿远嫁他乡。疫情期间，刘女士的母亲不幸感染新冠病毒去世，刘女士夫妇及其姐姐、姐夫于照顾母亲期间相继感染。接案时，刘女士的姐姐、姐夫已进入医院接受治疗，刘女士夫妇则处于居家隔离等待入院状态中。刘女士自诉近日失眠、无食欲，感到担忧、烦躁、纠结、无望，思念已故的母亲，时常哭泣，自诉“感觉天要塌了”“自己快要垮了”。刘女士的丈夫、姐姐、姐夫以及远在他乡的女儿、女婿，面对家庭中突如其来的变故不知所措，出现焦虑症状，呈持续焦虑状态，且均有不同程度的哀伤，家庭氛围阴郁沉重。

居丧期家庭的哀伤不仅折磨着每一个居丧中的个体，痛苦还会发生在整个家族中。

一、家庭哀伤理论

一般来说，家庭哀伤理论涉及复杂性哀伤家庭的评估、家庭生命周期、家庭仪式、文化的影响、家庭内部角色关系以及家庭功能等议题（见表5-1）。

---

① 新疆医科大学附属肿瘤医院宁养院，社会工作师。

表 5-1　家庭哀伤理论

理论议题	相关内容
复杂性哀伤家庭评估	评估家庭的凝聚力、沟通模式及效应、冲突的程度及应对冲突的能力
家庭生命周期	丧亲可能发生在不同生命周期：儿童期、青少年期、青年期、中年期、老年期
家庭仪式	家庭是一个单元，仪式将亲属聚集其中，重视仪式使成员见证、分享彼此带来的支持
文化的影响	家庭是文化传承的产物，文化又塑造了家庭哀悼的方式
家庭内部角色	家庭生活的核心特征：家庭中不同角色之间的互补或冲突
家庭功能	家庭关系、适应性、行为模式等影响着家庭的稳定和幸福状态

二、家庭居丧期关怀的概念

死亡和丧亲给家庭成员带来痛苦和适应性挑战。从表 5-2 可以看出，对于居丧期家庭的关怀，需要将家庭成员、家庭关系网和他们的角色作为一个功能单位，评估风险变量，处理家庭对死亡的反应，促进家庭复原，使家庭能够继续生活、继续爱。

表 5-2　家庭居丧期关怀的概念

视角	概念
个人焦点与系统视角	二元关系→依恋理论→家庭系统理论：后者拓宽了我们对于人类功能及功能障碍的理解
发展心理学的系统框架	死亡会破坏家庭原有的平衡；家庭完整性和逝者的重要性影响居丧期情感反应的强度；社会支持度低的家庭修复风险更大；还有其他冲击因素，如突发或拖延、创伤性、不明确、不被认可、带有病耻感的丧失

（续表）

视　　角	概　　　　念
家庭生命周期视角	功能良好的家庭能够接受代际丧失和成长过程，功能不良的家庭可能停滞不前或从悲恸记忆中断离；过早或多重丧失、代际遗留问题影响家庭适应；非婚、单亲、再婚等家庭子女的哀伤与权益值得关注
功能失调与修复导向	家庭修复力：个人修复力、创伤后成长、家庭压力、适应力和稳健性，以此为导向的干预带来家庭成长
家庭对丧失的适应	分享对死亡和丧失的认识；分享丧亲经历；家庭系统重组；重新投入关系和生活

三、家庭居丧期关怀伦理

1. 有利、不伤害原则

干预的核心目标是使整个家庭从中受益、获得幸福，而不应产生对个体及家庭有任何危害的影响。

2. 尊重自主性原则

尊重自主性原则指的是应保证个体知情同意及治疗选择的权利。

3. 公正原则

公正原则指的是应给予每个家庭成员同等关怀，社会资源、医疗资源应公平分配。

4. 关怀伦理

关怀伦理强调医生、患者及家庭三者之间的关联与关怀，倡导公益与慈善事业参与丧亲者支持，体现友爱、利他与人文关怀。

5. 以患者为中心的伦理

以患者为中心的伦理，指的是重视如下要素：患者和家属的心理需求及其因应需求的方式；家庭动力、角色关系；参与人员及其反应的界定；医疗人员、患者和家人间的关系对进程的影响，以及对这些关系能够做些什么；有必须遵循的法律或习俗限制。

第二节 居丧期家庭的哀伤评估

评估的重要性不仅仅在于帮助我们明确需求、目标和计划，还在于评估本身就具有干预作用。家庭系统取向为主的评估集中于四个方面：沟通模式、家庭结构、核心家庭的哀悼历程、家庭与系统的互动。疫情期间，我们常接到较为紧急的个案，比如刘女士的案例以及亲人即将离世的预期哀伤者，此时可通过以下两种方式进行评估。

一、按照危机的优先级别依次评估

案主身体是否无恙，情绪状态如何；逝者情况；家庭及环境状况，如在医院、家中或其他场所，与谁在一起，有无可与之商量并做决定的人，亲友中谁能给予情感支持；经济情况，如是否能应付当前的财务支出，如果不能，谁能给予帮助；对疾病和死亡的认知、期待和准备，抢救与否；家人希望为患者/逝者最后再做些什么。

在刘女士的案例中，案主刘女士与家人轮流照顾母亲，母亲去世时，她恰巧不在身边；受疫情影响，母亲去世后，刘女士亦未能参与母亲的后事处理，除丈夫以外，未能与其他家人见面。当服务对象遭受母亲去世、姐姐和姐夫确诊感染、自身与丈夫疑似感染的多重打击时，社会工作者首先需要考虑服务对象身体状况如何？这个家庭如何应对当下的局面？除了刘女士，还有谁是哀伤者？家庭面临的最为迫切的需求是什么？母亲生前在家中所处的地位如何？刘女士、其他家人与母亲关系如何？母亲离世前夕，家人为她做了些什么？最后时光有谁陪伴在身边？离世后的哀悼方式与仪式是什么？家庭成员间的关系和所获得的支持状况如何？这些都是我们在评估中需要逐步考量的内容。

二、按应激反应指标进行评估

一是评估躯体反应，比如有无明显的睡眠问题、食欲减退、胃肠胀气、乏力或其他躯体不适症状；二是评估认知水平，是否存在偏听偏信、个人迷信、注意力狭窄、用词不准确、记忆力下降、心因性遗忘等；三是评估情绪反应，是否出现麻木、恐惧、易怒、易哭、表情痛苦等；四是评估行为反应，是否有惊吓反应、多言多动、少言少动、接触被动、逃避或指责等；五是评估人际关系行为和个性变化，是否与平时的个性有明显不同或改变，如过度活跃或喜独处，少与人交流等。

三、使用评估问卷进行评估

评估时需要注意的是，问卷的使用应考虑服务对象的接受程度，遵守自愿原则，避免对其造成干扰或伤害。这里以家庭 APGAR（家庭关怀度指数量表）问卷为例。这个问卷比较简便，反映家庭成员对家庭功能的主观满意度，共有 5 个题目，每个题目代表一项家庭功能，由于问题少、评分容易，可以粗略快速评价家庭功能。5 项家庭功能分别是：

（1）适应度（Adaptation），即家庭遭遇危机时，成员利用家庭内外资源解决问题的能力；

（2）合作度（Partnership），即家庭成员分担责任和共同做出决定的能力；

（3）成长度（Growth），即家庭成员通过相互支持，达到身心稳定成熟以及自我实现的程度；

（4）情感度（Affection），即家庭成员相爱的程度；

（5）亲密度（Resolve），即家庭成员之间共享时光、金钱和空间的程度。

第三节　以家庭为中心的哀伤辅导

以家庭为中心的哀伤辅导的核心观点是，以家庭系统为服务对象，强调人与家庭系统互动，家庭系统又与社会、环境等外部系统互动的关系。

在评估中注意关注四个方面，包括沟通模式、家庭结构、核心家庭的哀悼历程、家庭与系统的互动。

常用的技术包括策略取向、结构取向、多世代取向、经验取向，关注焦点是促进家庭成员适应生病/死亡造成的失衡状态，让家庭系统恢复整体性平衡；家庭系统取向重视协助适应失去，并通过系统重组，减少家庭成员因个体的离去而在功能上的缺失。

干预重点是面对与沟通家庭成员的临终和死亡，促进哀悼与情感表达，协助家庭成员重新调整各自的角色，维持正常的家庭功能，降低因一个家庭成员的离世而带来的社会性和功能性损害。

第四节　疫情暴发期间家庭居丧的辅导分析

我们分析一下开篇所提到的那个家中多人感染且母亲去世的案例。

除刘女士本人外，家庭中其他成员实际上都存在哀伤情绪。刘女士的哀伤不仅源于母亲去世，还有对自身、其他染病家人以及当前因疫情导致变化的环境的悲哀，对病情预后及未来的担忧。交流中，刘女士关注最多的问题是病情、疫情将如何发展，感染者能否被治愈，会不会有后遗症。她不断强调她和丈夫需要尽快住院治疗，以及对已故母亲的不舍，对母亲离世的遗憾、内疚。她总是疑虑重重，反复纠结，情绪几近失控。

一、 服务程序及内容

我们当时对刘女士个案的服务程序及对应的工作内容如下。

第一，疏导情绪。我们鼓励刘女士诉说、表达真实感受与想法，倾听、同理，适时疏导与安抚，使服务对象认识到，尽管处境堪忧，但他们仍生活在社会大家庭中，不会孤军奋战，而是有办法亦能够得到理解、关怀和支持。

第二，协助刘女士整理思路，厘清需求，并按照轻重缓急和可实现程度对需求进行排序。

第三，遵守疫情防控要求，通过链接线上线下可使用资源，最大限度地优先解决服务对象最为迫切的现实困难，比如刘女士的入院治疗需求，以及生活中的其他困难。

第四，协调服务对象与家人、亲友、所在社区保持联系，发掘其内外部资源并协助建立支持系统，同时帮助服务对象明确自身在需要时可通过哪些途径获得支持和帮助。

第五，提供必要的医疗资讯及其他社会生活层面的讯息，使服务对象能够处于信息对等且来源可靠的境遇，帮助服务对象澄清非理性的评判，改善认知、树立希望。

第六，提示服务对象及其家人，如有机会可为逝者做最后的照料，并协助服务对象与逝者“四道人生”，即道谢、道歉、道爱、道别。逝者的听力是最后消失的，这是生者向逝者传递心声的黄金时刻，不要轻易错过。案例中的刘女士因疫情阻隔无法做到与母亲面对面告别，可鼓励其采取网上祭奠、追悼等适宜的方式，与已故亲人建立联结。

第七，动态评估服务对象的需要，及时给予情感支持或实质性的帮助。

二、服务成效

经协调线上、线下资源，多元团队合作，达到以下服务成效。

第一，服务对象刘女士夫妇如期入院诊疗，初期确诊感染，经治疗均获好转，观察期满后平安回到家中休养。

第二，住院及居家期间遇生活物资不足时，得到当地社会工作组织、社区工作人员的关注与支持，满足了其需求。

第三，刘女士与社会工作者保持线上交流、沟通，社会工作者为刘女士及其家属持续提供哀伤辅导，使之得到情感支持。经评估，刘女士及其家属认知改善、情绪稳定，能够以适宜的方式与逝者建立联结，并开启新阶段的工作和生活。

三、服务的要点

梳理这个服务案例可知，在类似案例中，我们可以做到以下五点。

第一，重视服务对象基本、迫切的需求。如想静一静、找人说话（鼓励他表达对逝者的感情）或是一杯热水，跟服务对象定一个照顾好自己需求的协议，其中包括保证睡眠和休息、有充足的食物和水。

第二，重视跨专业团队合作的力量。线上线下，多学科、跨专业人士协作互助，挖掘家庭内外部资源，能够为服务对象建立起有效的支持系统。

第三，提供资讯。及时收集各种社会资源及联系方式汇集于资源列表中，方便有需求者使用。

第四，转介服务。重视自杀风险评估，超出能力及服务范围时应及时转介。

第五，预案与倡导。综合疫情期间志愿服务、心理防护、资源资讯等形成预案参考，为日后服务提供借鉴。此外，提倡开展生命教育，倡导全民重视心理健康。

四、案例后记

2021 年年初，我们回访刘女士，得知其远嫁外地的女儿已生育二孩，公婆疼爱，夫妻关系亲密，刘女士夫妇有自己的生活圈、朋友圈，经常品尝美食、旅行、做日常运动，生活内容丰富充实。逢清明节，刘女士于网上发文：“又是一年清明节，为逝去的亲人点上一炷心香，寄托我们的哀思与怀念，愿远行的亲人一切都好。”

死亡是沉重的，又是多情而有意义的，它让我们更加珍惜身边的人和事，热爱这个充满生机的世界。

附 1：家庭关怀度指数问卷

经常这样计 2 分，有时这样计 1 分，很少这样计 0 分。将 5 项得分相加为总分：7～10 分为家庭功能良好，4～6 分为家庭功能中度障碍，0～3 分为家庭功能严重障碍。

1. 当我遇到问题时，可以从家人那里得到满意的帮助。

☐ 经常这样

☐ 有时这样

□ 很少这样

2. 我很满意家人与我讨论各种事情以及分担问题的方式。

□ 经常这样

□ 有时这样

□ 很少这样

3. 当我希望从事新的活动或发展时，家人都能接受且给予支持。

□ 经常这样

□ 有时这样

□ 很少这样

4. 我很满意家人对我的情绪（喜、怒、哀、乐）表示关心和爱护的方式。

□ 经常这样

□ 有时这样

□ 很少这样

5. 我很满意家人与我共度时光的方式。

□ 经常这样

□ 有时这样

□ 很少这样

附 2：提问与回答

Q1：如果案主对逝者有愧疚感怎么办？

A1：有些家属会反复思考自己有哪些决定做错，哪些方面没做好，把亲人的离世与自身言、思、行联系在一起。例如，曾有一位前来咨询的男士讲述，因独自照顾临终母亲疲惫至极，实在感到撑不下去时曾想，如果她死了就好了，我们就都解脱了。在母亲去世后，他总会想起自己曾经这么想过，认为自己是罪恶的，陷入深深的自责中。这种自责本身就饱含着哀伤，也与孝文化相关。辅导过程通过叙事外化问题，并动员家庭力量给予关注和支持，引导重建认知，并与逝者建立联结。这一过程需鼓励家庭成员之间互动、表达，重新讨论服务对象关心的议题，促进家庭成员沟通交流。其他的方法也可以用，比如 CBT（认知行为治疗）、空椅子技术、角色扮演等，只要方法适合、有效就好。

Q2：社工觉得自己说什么似乎都没有用，这种情况怎么解决呢？

A2：是在什么情形下，对什么人说了什么，觉得没用？你期望自己能发挥什么作用？他的需求是什么？也许不是想听我们说。如果遇到我们觉得说什么都没有用的时候，不如就先陪伴着。倾听很重要，在陪伴的过程中观察了解需求，梳理能做到的和做不到的，明确他的需求可能要协调哪些部门和资源，通过哪些途径能够获得帮助。服务过程需要拓展我们的资源，拓展我们的思路。

第六讲　疫情中关怀人员的同情疲劳与自我保护

刘新宪

第一节　同情疲劳的基本知识

“同情疲劳”（Compassion Fatigue）是一个非常值得关注的职业现象。记得有一位专门研究失独群体的心理学博士和我说过，她每次与失独父母访谈之后，一两个星期内心情都会很压抑。汶川地震发生后，有一位天津大学的老师立刻奔赴灾区，他在那里提供各种各样的帮助和支持，一干就是三年。但是到了最后，他每天需要用酒精来麻痹自己。这两种状况都与“同情疲劳”有关，只是轻重程度不同。

另外一项对参与纽约“9・11”抢救和心理咨询的社会工作者的研究显示，参加抢救的社会工作者表现出严重同情疲劳和次级创伤的比例高达52.4%，提供心理咨询的社会工作者表现出严重同情疲劳和次级创伤的比例为34.9%。

目前在我国的学术界和职业培训行业，对一线健康工作者的心理支持还较弱。在新冠疫情期间，我们看到战斗在第一线的健康工作者承受着难以想象的重压。如果缺乏相关的培训和基本知识，一部分健康工作者就有可能因“同情疲劳”使自己的身心受到损伤，工作效率下降，且更易感染疾病。

当我们的社会希望健康工作者去关心他人时，我们整个社会也要高度关心健康工作者自身的身心健康。预防同情疲劳是我们需要认真面对的问题。

为了便于理解，我们这里将以医护人员为例来讨论。医护人员的同情疲劳主要表现在两个方面：职业倦怠（Burnout）和替代性创伤

(Vicarious Traumatization)。其中，替代性创伤也被称为次级创伤压力（Secondary Traumatic Stress）或继发性创伤。

一、职业倦怠

历经四十多年的实证和研究，2019年5月世界卫生组织正式通过的《国际疾病分类（第11版）》把“职业倦怠”列为一种职业现象（没分类为疾病），编号为QD85。

（一）职业倦怠症状

情绪上有心力交瘁感（Emotional Exhaustion，EE）。没有工作热情，对工作和服务对象缺乏动力，感到自己的情绪处于极度疲劳的状态。

待人冷漠（Depersonalization，DE）。对病人有厌恶感和消极情绪，刻意与病人保持距离，对病人和工作单位发生的事感到无动于衷，缺乏医生应有的人道主义情怀，工作敷衍，行为怪僻等。

工作成就感（Personal Accomplishment，PA）低。倾向于消极地评价自己，对自己工作能力的自信体验和工作成就感的体验下降，认为工作只是日复一日枯燥无味的烦琐事务；感受不到自己的工作带来了相应的回报，对自己和工作感到不满和不快乐。

（二）导致职业倦怠的因素

1. 工作因素

长期处在工作压力和工作量过大、工作时间过长的状态下，易导致职业倦怠。在疫情期间，很多医务工作者承担着过大的工作量和工作压力，这往往会导致职业倦怠。

2. 个人特性

把大量工作揽到自己身上，把工作带回家中，回到家里还是不停地想着工作。用大量减少睡眠的方式来处理工作上的问题，使得工作与生活长期失衡。追求完美，对自我求全责备，因为不适当的自我期望而产生无力感，甚至绝望感。在新冠疫情期间，医生看到病人倒下的情况是很普遍的。即使我们不是医生，我们也会为自己所看到和听说的事情而感到痛苦。因此，自我期望感过强的医生的压力就更大，情绪更敏感的医护人员更易出现较高的倦怠倾向。

3. 工作环境

很难适应工作环境或特定的管理方式，感到工作单位对自己的工作不能提供“对称奖励”，觉得工作单位对医护人员工作量期望太高，而经济报酬和精神鼓励非常不足。

4. 社会支持

社会支持来自两个方面：一是患者及其家属对医护人员的支持，二是家庭的理解和支持。患者及其家属抱有错误的期望，并出现医患关系恶化，或者家庭对医护人员的工作和奉献不理解、不支持，甚至闹矛盾，这都是潜在的导致职业倦怠风险的因素。

二、 替代性创伤

1. 什么是替代性创伤?

虽然病患的创伤并没有发生在自己身上，但医护人员却感到自己仿佛经历了相同的创伤，这就是替代性创伤。

2. 导致替代性创伤的因素

在工作中看到和听到患者及其家属所经历的创伤事件，因为你对之深切的同情和强烈体验，而使自己也受到深深的创伤。这与我们人类的情感和道德有关。医护人员在工作中看到和听到病患及其家属所经历的创伤事件，比如看到这么多的渴望求生的病患，但没有能力帮助他们，还有亲眼看到重症患者或死者家属的悲痛欲绝，对此产生了非常强烈的同情和痛苦体验。我国的医生经过救死扶伤的训练，也就是帮助人活下来的训练，但并没有受到如何面对患者死亡及丧亲者的训练。如果没有得到相关的心理培训，医务人员或心理健康工作者很可能会因死亡，尤其是创伤性死亡事件而受到心理创伤。

研究同情疲劳的著名学者菲格利（Charles Figley）博士说过：

> “我们的天性中具有某种特殊的礼物或诅咒，那就是强烈的同情感，我们会因此感到痛苦。我们感受到关怀对象的感受，我们经历着他们的恐惧。我们梦想着他们的梦想，最后，我们丧失了乐观、幽默和希望的火花。我们疲惫不堪，我们没病，但我们已经不再是过去的自己。”

第二节 “同情满意—同情疲劳”模型

根据菲格利博士的研究，医护人员整体职业生活质量不仅受同情疲劳影响，也受同情满意影响。同情满意是指医护人员对自己职业的满意程度，与从社会得到支持的程度等因素有关。在此基础上，他建立了“同情满意—同情疲劳”模型（见图 6 - 1）。

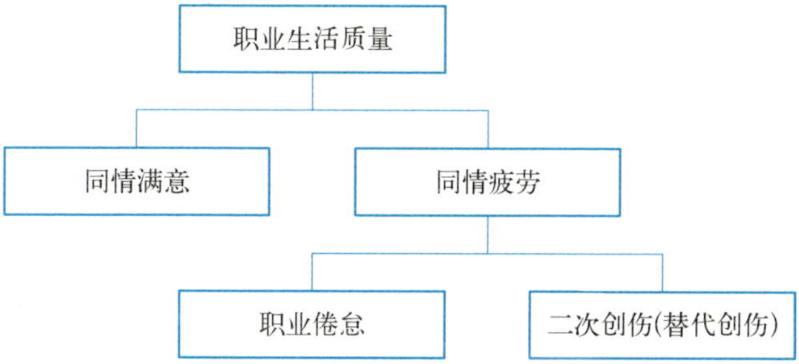

图 6 - 1 “同情满意—同情疲劳”模型

根据这个模型，医护人员整体职业生活质量可以表现为以下四种状态。

（1）同情满意高，同情疲劳低：理想状态。

（2）同情满意高，同情疲劳高：互补抵消，对工作影响不大。

（3）同情满意低，同情疲劳低：互补抵消，对工作影响不大。

（4）同情满意低，同情疲劳高：不良状态。

显然，第（1）种状态是最理想的，即医护人员的心理状态最佳，工作效率最高；第（4）种状态则是需要特别警惕的，即医护人员的心理状态和工作效率往往都是有问题的。提高同情满意度将有助于降低同情疲劳的负面影响。

第三节　同情疲劳的负面影响

一、医护人员身心健康及安全受到影响

（1）心理健康。受同情疲劳影响的医护人员往往会感到疲倦、不专心和易怒，容易出现不正常的情绪问题、抑郁症，自杀倾向增加。

（2）生理健康。受倦怠影响的医护人员出现生理疾病的风险增加。

（3）安全问题。倦怠还使医护人员更容易发生交通事故和自己受感染的事故。这样的安全事故在过度疲劳和注意力不集中时，更容易发生。

（4）医护人员通过滥用药物及酗酒来舒缓压力。

二、工作和服务质量受到影响

（1）严重的同情疲劳使人工作效率降低、思维敏捷性降低、注意

力不集中、记忆力下降，它往往还会使得责任心减弱。这些因素可能会导致医疗事故风险的增加。

（2）同情疲劳会对医护质量和患者的康复治疗造成负面影响。

（3）同情疲劳也会导致社会及患者对医护人员的信任度和满意度降低，医患矛盾增多，包括恶性医患矛盾事件。

（4）同情疲劳使得医护人员的工作自豪感、工作稳定性下降。

第四节　同情疲劳的应对策略

一、自我调整

（1）定期或及时做自我评估。建议使用“生活职业质量量表”（Professional Quality of Life Scale，ProQOL）给自己做评估。

（2）处理好专业“共情心”与“同情心”之间的关系。健康工作者需要理解、尊重、关爱患者，但不能仅因同情心使得自己穿上患者或家属的“鞋”，走他们的情感创伤之路，这容易造成“替代性创伤”。

（3）看到每个人都是有局限性的。正因为有局限性的存在，每个人都需要及时得到同行在专业上的支持。它涉及患者家属的信任、理解和支持，也涉及使患者得到更有效的治疗，同时减轻自身的压力。

（4）注意给自己足够时间的睡眠和适度休整，以保证自己有足够的精力来做好工作，这也是极为重要的自我保护。

（5）学习和使用自我放松技巧。例如，练习深呼吸、瑜伽或冥想，还有锻炼身体、参加朋友聚会、听音乐、跳舞、阅读、艺术创造等。

（6）自学及参加相关的职业训练。学习什么是同情疲劳及其预防方法，并提高抗压能力。

（7）把放松练习融入生活和工作。比如在看病人之前洗手时，慢慢深呼吸，想一个心爱的人，背诵最喜欢的一首诗，或者想象你在自己最喜欢的一个地方，总之把注意力放在使人心情平静和愉悦的事情上。

（8）有意识地提醒自己多看窗外。如果身在室外，花时间观察自然环境中的某些景物，全神贯注地看它一会儿。

（9）每当完成一项复杂的工作或解决一个棘手的问题后，给自己一点奖励。

（10）在每天的工作结束后，要从工作角色中走出来，避免把它带回家。

（11）从实践中学习。利用挑战来激励自己去学习新的知识、技能和工作态度。

（12）练习反思性写作，写日记或随笔。

（13）向自己信赖的亲友或同事倾诉自己的压力。倾诉是一种有效的减压方法。

（14）找一个自己喜欢的地方，在那里你可以放松休息。

（15）学习感恩。感恩是一种宝贵且有益的生活态度。

（16）如果需要，请及时寻求受过心理咨询相关专业训练人士的专业帮助。

二、团队合作

（1）与同行建立同伴互助小组。在小组里大家可以彼此相互帮助：一方面，大家可以对一些特殊案例展开讨论，寻求更好的治疗或护理方案；另一方面，这也有助于彼此互相倾诉压力并在心理上得到同伴的支持和帮助。

（2）若遇到复杂问题，要寻求其他专业人员的帮助，要借助“团队方法”，从其他专业人员那里得到帮助。

（3）与同事保持良好的关系。融洽协调的同事关系会使工作环境令人愉悦、放松和自信。

第五节　同情疲劳的测量量表

同情疲劳测量量表可在“哀伤疗愈家园”网站（www.aishang61.com）或“哀伤疗愈之家”公众号上下载。

该量表包括三个维度，共三十个条目。

- 同情满意（条目3、6、12、16、18、20、22、24、27、30）。
- 职业倦怠（条目1、4、8、10、15、17、19、21、26、29）。
- 替代性创伤（条目2、5、7、9、11、13、14、23、25、28）。

其中部分条目（1、4、15、17、29）采用逆向计分，即1＝5，2＝4,3＝3，4＝2，5＝1。

关于评分的诠释：

1. 同情满意

同情满意是指在完成工作任务时所感受到的快乐程度。低于或等于22分，你可能会发现你对所从事的工作不满意。

2. 职业倦怠

得分越高意味着你有越高的职业倦怠风险。如果你的评分大于或等于42分，你的职业倦怠问题便是显著的，需要引起关注。

3. 替代性创伤

如果评分大于或等于42分，你的替代性创伤便是显著的，需要引起关注。

第六节　同情疲劳的辅导案例

一、案例 1：哭泣的护士

案主：女，35 岁，护士。在疫情初期，她每天需要长时间工作，看到很多病人挣扎求生，但她又无能为力，感到特别难过。现在她不想和任何人说话，包括病人，但又不得不说话，每天一想到要上班就感到身心疲惫不堪，还担心自己被感染及传染给家人，感到心里发堵，心情抑郁，经常会不由自主地哭泣。

1. 案例分析

从案主症状来看，不难判断，她有较明显的“同情疲劳”症状。我们需要注意，“同情疲劳”目前并没有被列为一种心理障碍，它是一种需要关注和给予疏解的工作现象。

2. 当下的建议

（1）提供心理援助，疏解恐惧，强调自我保护不能大意。针对案主的恐惧和哭泣，要为她提供一定的情绪疏导，对每一位医生或护士的求助，首先需要强调自我保护，因为生命是最宝贵的。在过于疲劳的情况下，因为注意力不集中，免疫力和自我保护的警觉性都会降低，要提示他（她）时刻提醒自己：有没有注意保护好自己？比如，护目镜有没有戴好，口罩有没有戴好，是不是经常洗手？

（2）帮助案主学习“同情疲劳”应对策略，保持自我测试和自我提醒。建议每天花几分钟测试一下，了解自己到底处在一个什么样的状态？对于同情疲劳症状较严重的一线医护人员，可以主动请同事提醒自己注意调整。这里需要强调的是，评估结果所反映的是一种状态，而不是疾病，不用感到羞愧，大家可以互相帮助。

（3）寻求单位帮助。对一些评估显示出有较严重“同情疲劳”的医护人员，要跟单位反映，可能的话，尽量适当地减少他们的工作量。

（4）寻求专业的心理咨询师的心理辅导。

（5）把案主的信息输入系统，准备疫情后持续性的心理援助。疫情过后，一些有严重“同情疲劳”的医护人员很可能会罹患创伤后应激障碍（PTSD）或抑郁症。社会工作者和心理咨询师要为一线的医护人员以及自己做评估。需要把有关信息输入数据库，为疫情后的持续性支持做好准备。

二、案例2：焦躁的医生

案主：男，42岁，医生。疫情暴发之后，医院非常忙碌。案主也一直感到极度疲劳，连续多个星期，睡眠很不好，心情特别烦躁，易发脾气。他的注意力和工作效率都比以往有明显下降，担心自己可能会感染，总感到自己累得坚持不下去了，又不能和任何人说，不想表现出软弱。

1. 案例分析

从案主症状来看，案主长期过于疲劳，对工作环境有强烈的不安全感，导致情绪和睡眠不好，工作效率下降，他的“同情疲劳”症状较明显。

2. 当下的建议

（1）帮助案主学习同情疲劳应对策略。首先注意保证自身安全，预防意外被感染。建议保持同情疲劳自我测试、自我提醒。在应激状态下，当人们的肾上腺素提升了一段时间后，免疫系统通常会出现问题。因此，在疫情期间尤其需要注意安全，如果注意力不集中，就有可能被感染。

（2）与单位联系，适当减少工作量。当有外地医护人员进驻支持时，要保证自己的休息时间。

（3）鼓励与同行交流自己的感受，大家相互提供心理支持。

（4）寻求专业的心理咨询师的心理辅导。

（5）把案主的信息输入数据库，准备疫情结束后继续跟踪和提供必要的持续性心理援助。

附：公开课中的提问与答疑

Q1：现在人手不够，很难得到正常休息，怎么办？

A1：对人手严重不足的地方，我们暂时确实没有办法。这就像我们在战争的时候，即使受伤了还是得继续战斗。在这个时候我们真的是没有办法立刻解决这个问题。在灾难期，救命第一，对于心理上的问题，我们尽量提供帮助。但这个问题要反映上去，如果有些医疗单位一直缺人手的话，一定要发出呼吁。

Q2：护士的案例能不能做更具体的说明？

A2：为什么护士老是不停地哭泣？当时护士的心理状态可能有几种：感到恐惧，她有自己的家庭、孩子和父母，她会担心他们可能会被感染；她很可能也会有强烈的替代性创伤和同情疲劳。很多人容易出现同情疲劳是和他们个人的个性特质有关的，比如情绪比较敏感，他们看到很多病人死去，他们会为此感到悲伤、无助和痛苦。那么像这样的情况，我们需要给他们提供关于同情疲劳方面的科普知识，让他们理解如何把控好同情和共情，从而提高自身抗挫力，同时也要展开同辈互助。

Q3：评估测量的结果会不会和某个时间段有关？

A3：这是可能的。所以需要把测量看作一项持续性的工作。特别是在工作压力特别大的情况下，我们需要使用同情疲劳量表来获得自我评估数据，了解自身的状态，以便提醒自己，考虑采用适合自己的同情疲劳应对策略。若我们觉得一切都很正常，就不用了。但是还有一些医护人员，我觉得尤其需要使用量表，就是情绪长期处于高度激昂状态并对病人/工作有强烈排斥倾向的人。他们可能不会主动说出自己的状态，因为怕被别人指责："大敌当前还沉浸在个人的情绪中。"但我们要知道，产生同情疲劳绝不代表我们懦弱。关注它是为了让我们能够更有效、更持久地投入工作中。统计显示，美国每年有25万例医疗事故，很多事故的发生都跟医护人员的职业倦怠有关。当然，当一切进入正常状态时，多数人的同情疲劳会自然消失。

Q4：如何帮助调整同情疲劳？

A4：第一，我们可以复习一下上面关于应对同情疲劳的策略；第二，我们有专业书讨论过这个问题，见参考文献①；第三，"哀伤疗愈家园"网站上也有一些信息。当然，在疫情大敌压境时，医院领导和我们社会的赞扬和鼓励是最重要的，我们要为医护人员打气，因为社会支持可以提升"同情满意度"，它有助于抵消同情疲劳的负面影响。但我们不能忽略同情疲劳问题，因为当我们在同情疲劳症状较为严重的时候，容易出现疏忽大意，容易忘记保护自己，忘记采取规范的防护措施，并因此被感染，这是最令人担心的一个问题。保护好医护人员的生命是最重要的，这里也包括工作在一线的社会工作者和其他心理健康工作者。所以我们现在提出关注同情疲劳是非常有必要的。

---

① 如中文文献有《哀伤疗愈》（刘新宪，2021），英文文献有 Figley（2013）、Duarte & Pinto-Gouveia（2017）、DeDecker（2020）等。

第七讲　哀伤救助中同质互助小组的应用

卢　建

小组工作涉及的层面广而深，是社会工作中极为重要的工作方法。在本书讨论的情境下，社工服务的目标人群是受到疫情影响处在哀伤期的人员。在本讲中，我将结合社会工作服务哀伤期人员的特点，与大家共同探讨同质互助小组的功能、类别，及其在因疫丧亲者群体哀伤辅导中的应用和注意事项。

第一节　同质互助小组的功能

一、关于小组的基本概念

小组作为一种个体间建立关系并获得支持的手段，可以通过组员的互动来解决人与人、人与环境之间存在的问题，以促进行为改变、社会功能的恢复与发展，达成小组和社区的目标，进而促进社会整体的进步和成长。简而言之，小组的建立是为了帮助其成员实现目标、满足需要，同时为建设和谐社会做出相应贡献。

同质互助小组是通过小组方式，为具有共同需求或相似问题的成员搭建起平台，以促进小组成员间交流、互助。其同质性可能表现为年龄、性别、文化、个性、问题、需求等方面的相同或相似。由于具有同质性，小组成员之间能够相互认同，继而产生对小组的认同感，激发小组凝聚力。

小组凝聚力是指小组成员在观念和行动方面表现出来的一致性，同时也是完成小组目标的前提。实现小组凝聚力的主要条件包括两个方面：一是小组目标的一致性，二是组员对自身在小组中的地位与角色、小组价值以及小组规范的认同和遵从。根据团体凝聚力理论，小组中成员的同质性越高，越容易产生凝聚力，而凝聚力有利于小组动力的出现。

小组动力是指通过组员间的互动而产生的各种力量，它会影响小组整体以及组员的行为。比如在一个同质互助小组中，相同的问题能够给组员带来一致的目标，为了实现共同的目标，组员就会利用自身优势来发掘相应资源，去帮助自己和其他组员，使小组形成一个互助的支持团体，从而朝向目标、实现目标。

二、小组的功能

学界关于小组的功能有很多论述。

欧文·亚隆强调团体或者小组应该关注希望重塑、普通性、传递信息、宣泄、利他、原生家庭、人际学习、行为模仿、团体凝聚力、提高社交技巧、存在意识等 11 个疗效因子，以促进小组功能正常发挥。

罗杰斯则假设在一个彼此尊重、以诚相待，人们能够感同身受的环境下学习时，自我实现的动力就会出现。

克莱因把小组功能归纳成 8 项，包括促进个体的康复、能力建设，帮助解决问题、矫正，也预防问题发生，并促进社会化、社会运动和实现社会价值。

三、同质互助小组的功能及其影响因素

首先，我们要明确小组功能的核心：小组是一种社会系统，而系统是由不同部分之间的互动组成的。如果希望小组能够发挥出正向功能和作用，工作者就要将小组视为一个整体、一个过程、一个交流互动的平台、一个支持网络。由于组员的同质性，互动、分享、探索本

身就成为同辈经验的传递，也是团体动力学效果显现的一个过程。

其次，我们需要关注组员以及小组所处的社区环境及其文化对于理解哀伤、因应哀伤行为的影响。评估环境与文化并针对评估采取相应的措施，对小组功能的发挥都将有重要意义。

四、小组工作过程的意义

一个理想的小组工作过程意义重大。它可以：第一，帮助组员树立平等意识，增强归属感并发现自身价值；第二，提供被认可及自我改变的社会场景，促进组员彼此认同，创造相互帮助、共同成长的学习机会，有利于组员理解现实世界，激发自信，进而融入社区和社会；第三，通过帮助组员建立起社会支持网络为其增能。

以青少年成长支持小组为例，小组应为组员创造开放、安全、平等的交往环境，提供共同学习及增强同伴关系的机会，通过小组规范、行为示范和预演等形式，促使组员互动并相互督促，小组工作过程需要呈现并帮助组员看到其真实世界，以利于调整认知、管理情绪、改善行为习惯、重建人际关系，提升组员的社会适应和交往能力。

第二节　同质互助小组的类别

同质互助小组的特点在于，组员有相同的困扰或背景，有共同语言和体验，在互动中能够感觉到彼此的联结，起到相互支持、缓解症状的作用。依据小组目标、服务对象特点及需要、小组形成方式、服务对象参与动机和小组结构等可划分出不同类型的小组（见表 7 - 1）。如依据形成方式，可以分为组成小组和自然小组；依据组员参与动机，可分为自愿小组和非自愿小组；依据小组的结构，可分为正式小组和非正式小组；依据组员间的界限，可分为封闭小组和开放小组；

依据小组目标，可分为教育小组、成长小组、支持性小组、治疗小组和社会化小组。

表 7－1　同质互助小组的类别

分类标准	类　　型
形成方式	组成小组、自然小组
组员参与动机	自愿小组、非自愿小组
小组的结构	正式小组、非正式小组
组员间界限	封闭小组、开放小组
小组目标	教育小组、成长小组、支持性小组、治疗小组、社会化小组

小组目标涉及小组因何而组织、如何组织等基本问题，下面我们举例说明。

1. 教育小组

通过帮助组员学习新知识、新方法，促进组员改善对自身问题的认知和处理模式。例如，在本次疫情中服务案主时发现，大家对新冠病毒知识的了解需求是迫切的，组内如能建立起及时准确的信息传递通道，可帮助组员建立起关于疾病、现状等客观评价，配合必要的干预服务，可协助组员确立新观念、新视角，促进组员实现发展目标。

2. 成长小组

通过帮助组员了解、认识和探索自我，启动和运用其内在和外在资源，发挥自身潜能解决问题，健康发展。

3. 治疗小组

对组员的选择有一定要求，一般为：不适应社会环境或社会关系网络受损，导致行为异常的人群。主要帮助组员了解自身问题和成因，通过组员间交流经验实现资源整合，构建社会支持网络，使组员心理社会行为问题得到治疗，促进组员成长为健康健全的社会人。

4. 支持性小组

小组目标是建立社会支持网络，以改善服务对象的人际支持。在支持性小组中，组员通常具有相同或相似的问题与经历，通过交流思想与感受，相互理解、互相协助来面对问题，探索对策和解决方法，因此组员间的关系构建十分重要。例如，在癌症病友、失独家庭等同质互助小组中，组员间互动交流，获得情感、行为、认知等层面的认同与支持，对恢复其社会功能极为有益。工作者应重视、鼓励组员分享或讨论他们认为重要的事件，表达经历这些事件时的感受和情绪，给予共情回应，情绪疏导，引导组员反思与改进应对策略，促进组员的自我理解与认同，克服疏离感、失落感。此外，从组员中发展领导者，提供咨询和帮助，能够发挥组员潜能，激发小组动力。

除以上常见类型外，还有一些小组类型列举如下：

（1）会心小组。罗杰斯把美国许多性质相同的咨询团体统称为会心团体或者会心小组。这类小组通常由 8～18 人组成，团体运作以勒温的思想和完形心理学为基础，建立在对罗杰斯以人为中心的理论运用上，并融入其他流派理论，把经验和治疗导向与强调人际关系技术的培训融合在一起。会心是指心和心的交流与沟通，会心小组也有不同的类型，比如人际关系小组、T-小组、敏感训练小组、个人成长小组、人类潜能小组等，这些团体本质是相同的，强调团体人际交往经验，注重此时此地的感受与困惑。团体的目的不是治疗，而是促进个人成长，包括了解自我、增强自信、寻求有意义的人际关系等。罗杰斯认为各类会心团体有共同的假设，比如：只要促动员（工作者）能够在团体中营造出在心理上觉得安全的氛围，人们就会减少防御，表达自己的真实感受，无论是消极的或是积极的，在互相信任的氛围中，人们就能接纳自我，包括生理、心理和精神的，以及其他潜能。接下来只要个体能减少自我防御所造成的限制，那么在态度、行为、工作方法、管理过程和人际关系上，就可能发生改变，并且改变过程不会使他人觉得受到威胁，这就会增加人与人交流的机会，更加了解他人对自己的看法，以及自己在人际关系中产生的影响。

（2）自助团体。自助团体包括戒烟、戒酒、康复、居丧、创伤团体等，虽然没有专业人士指导，但有参与者反映其应对技巧和日常状态有明显改观。自助团体应用了团体凝聚力、普通性、行为模仿、希望重塑等疗效因子，因此可起到一定的自助作用，但人际学习的作用较弱，也很难聚焦于此时此地的感受与经验。

（3）网络团体。有研究者把降低孤独感的认知行为面对面团体，改良为网络团体，由治疗师引导开展 12 次小组活动，每次 2 小时，结果显示有 19 名参与者的孤独感有不同程度降低并持续 4 个月。另有专业人士带领的为期 16 周的乳腺癌患者团体研究显示，参与者抑郁状态和对待病痛的态度有所好转。尽管样本有限，但研究者展示了面对面团体技术应用于网络团体的可行性。网络团体可照顾到有意于团体，但因地域或身体原因限制或存在顾虑等，无法参加在地团体者的需要，有病耻感的人群也较为偏好相对自在的网络形式。一些寻求帮助的个体，也会通过网络投石问路，以便决定是否进行面询。

在实务工作过程中，不论什么类型的小组，都可能与其他类型的小组交叉、融合和运作。

第三节　同质互助小组在疫情期间哀伤辅导中的应用

同质互助小组在受疫情影响的哀伤辅导中的应用分疫情暴发期间和疫情防控常态化两个阶段，具体工作分三个部分：疫情暴发期间面向群众的援助、疫情暴发期间面向工作者的援助以及疫情防控工作常态化后的援助。

一、疫情暴发期间面向群众的援助

人们受疫情影响会出现各种情绪反应，建立互助小组可有效减轻创伤后应激反应。首先，小组要为组员建立起稳定可靠的信息传递通道，通过正规渠道，尽可能收集全面、权威、准确的信息传递给组员，同时了解组员需求并将信息向有关部门传达、反馈；其次，营造温暖安全的小组氛围，鼓励组员分享感受及经验，以增强小组凝聚力和组员的归属感。还需注意：

（1）培养核心成员，逐步掌握小组活动原则和方法，执行领导职能；

（2）组员入组与退组、表达或分享与否均遵循自愿原则；

（3）当有组员在分享时，其他组员应以倾听为主，不做评判；

（4）如有不能掌控的变化，要及时转诊转介；

（5）居丧者互助小组可根据实际情况组织线上、线下的祭奠仪式，也可采用支持性会谈，鼓励分享、表达情绪情感、促进相互支持等。

二、疫情暴发期间面向工作者的援助

疫情暴发期间，相关工作者长时间与受助者接触容易引起创伤性应激反应，小组可提供安全温暖的空间，使其有机会分享所思所感，

并获得有效的方法缓解压力、避免职业倦怠。

三、疫情防控工作常态化后的援助

这一时期小组活动的主要目标是让组员接纳现实，重建和规划当下与未来的生活，树立信心，逐步从受灾群众的身份中脱离，回归正常生活。这项工作重在坚持。工作者可根据人群特点和需求特点分类组织小组活动，也可与组员所在社区合作组建。小组活动形式可结合主题讲座、主题游戏，融入健康教育等。下面以抑郁症患者及其亲属互助小组为例具体阐述：

（1）了解小组：明确建立小组目标，正确认识抑郁症，同时获得防治经验。

（2）筛选组员：明确入组条件，例如经精神科医生诊断为抑郁症的患者，要排除一个月内出现过自杀行为，或两周内有过强烈自杀倾向的患者，以及双相情感障碍发作的患者。

（3）活动策划：活动时间、主题均可由组员讨论决定，活动内容包括介绍小组目标、规范、组员相互认识，鼓励组员描述自己的症状，分享患病后的感受，鼓励恢复较好的组员分享经验以帮助其他组员树立信心、看到希望。小组过程还需提供抑郁症科普资讯，并针对组员关注的焦点问题进行解读和讨论。

（4）监督指导：在小组运行稳定后，工作者可将领导权转交给核心成员，并担负监督指导工作。

四、开展同质互助小组的注意事项

（1）了解小组活动各阶段工作者的任务、角色和责任以及组员特点（见表 7－2）。

表 7－2　小组活动各阶段工作者的任务、角色和责任以及组员特点

阶　段	工作者任务	工作者角色和责任	组 员 特 点
准备阶段	组员招募、选择； 确定工作目标； 制订工作计划； 申报并协调资源； 确定小组规模与工作时间； 选择活动场地、方式	设计者、组织者	共同或相似的问题； 共同或相似的服务需求
开始阶段	协助组员相互认识； 厘清组员对小组的期望； 商议小组目标； 讨论保密原则、建立契约； 制定小组规范； 营造信任的小组气氛； 形成相对稳定的小组关系	领导者、鼓励者、组织者	矛盾的心理、行为； 小心谨慎、相互试探； 沉默、被动； 对工作者的依赖性
中期转折阶段	处理抗拒行为； 协调和处理冲突； 保持组员整体目标意识； 协调组员重新建构小组； 适当控制小组	协调者、引导者； 协调人、支持者	对小组有认同感； 互动中抵抗与防卫心理； 角色竞争中的冲突
后期成熟阶段	维持小组良性互动； 协助组员获得新的认知； 将认知付诸行动； 协助组员解决问题	资源的提供者和链接者； 小组及组员能力促进者； 小组引导者、支持者	小组凝聚力增强； 组员关系亲密； 组员对小组充满信心和希望； 小组关系结构越发稳定
结束阶段	处理离别情绪与感受； 协助组员保持小组经验； 完成效果评估； 工作者职责自评，组员自评，观察员、督导评估	引导者、领导者	浓重的离别情绪； 小组关系结构弱化

（2）小组活动不能替代心理咨询、心理治疗和精神科治疗。若发现不适合继续留在小组的成员，应及时转诊、转介，以免延误治疗时机，或对小组产生负面影响；同时要善于利用小组互动时成员间产生的冲突和分歧，促使双方变换角度再次思考与坦诚沟通，化解负面情绪。

（3）小组活动过程没有规范的活动安排、不断交接的小组领导、缺乏组织能力训练、组员间盲目依赖、不寻求专业帮助等，都是小组活动过程需要规避的。

（4）在小组活动过程中，组员并非只会获得正面经验。比如在乳腺癌互助小组中，如有人因转移扩散去世，其他组员焦虑水平就会迅速上升，有的组员甚至会离开小组，工作者此时要具备处理负性事件的能力，灵活应对，必要时可将事件放入会谈内容中进行讨论。

（5）价值观省思。工作者和组员常常会不自觉地把自己的价值观带到小组工作中，工作者需要接受督导、保持反思，以明确自己的价值观和立场。

（6）小组的带领者要有以人为本的态度，平等对待每位组员，重视合作和共同决策，重视个别化，确保组员的独特性得到关注。

（7）小组目标是整个小组存在的理由和团队工作的方向。在助人性小组动力关系的发展中，工作者最重要的任务就是帮助小组来实现自己的目标，同时也要帮助小组发展动力关系。

本讲完成于疫情期间。时应疫情防控要求，避免聚集，线下无法开展小组实务，因而在线上进行探索，经验不足。诚恳邀请有实务经验的老师们及读到此章之学者们，给予开放式补充。

第八讲　疫情中的哀伤自助与生活正常化

任　敏[①]

为什么本讲要讨论哀伤自助?

第一，这是整个哀伤辅导系列课程的逻辑所致，之前的老师为我们讲述“他助”，包括理论介绍、哀伤识别、方法应用与实务技巧等，潜在的假设是哀伤者需要他人帮助。但社工的理念提倡案主自助，我们要看到哀伤者本身的力量，相信案主可以依靠自己的力量去改变。所以，探讨哀伤疗愈中的自助是社会工作专业助人工作的题中应有之义。

第二，哀伤非常复杂，亦需要依靠哀伤者自助。“爱在心口难开”，哀伤也一样。实际上，很多哀伤者不愿意向我们寻求帮助，他们认为别人不了解自己和自己的伤痛所在，所以不认为别人能提供帮助。在很多情况下，我们服务提供者很难有勇气，甚至也没法轻易地说出“我知道你痛在哪里”的话。有些哀伤者确实需要自己走出来，那么此时他们需要的帮助就是，专业者为其提供自助的工具。坦诚地讲，在这次疫情中，我们存在专业的帮助者多于服务对象的情况。即许多哀伤者并不愿意主动接近我们，因为“哀在心口难开”，在这个疫情的急性暴发阶段，他们可能想要自己消化。

第三，个体特质不同。有些哀伤者适合他助，有些却适合自助。哀伤的因应行为因人而异，比如男性和女性的哀伤就不太一样，在需要他人帮助走出哀伤的情况下，女性哀伤者相对会占比更高。

总之，无论是社工理念，还是我们对哀伤者所处的哀伤阶段以及哀伤人群特质的理解，种种因素都表明我们专业人士设计和制作自助

---

① 华中科技大学社会学院，教授。

工具的必要性。

第一节　复杂的哀伤及其区分与识别

之前各位老师讲述过哀伤情绪的识别，包括愤怒、内疚等，我们这里主要关注哀伤之下的其他复杂情绪及其原因，主要为回答一个问题——我们究竟为什么哀伤？这是本次课程对之前相关内容的补充。

学者科斯敏斯基（Phyllis Kosminsky）曾提出，人们需要通过绘制“丧失地图”（Mapping the Terrain of Loss）来认识哀伤，并确定是否在哀伤之外还有其他情绪。因为哀伤作为一种显性情绪，可能遮掩了其他一些细致的情绪，哀伤一般来说是复合的，我们若能够对这些细致的情绪及其背后的原因进行区分，则可以帮助哀伤者更清晰地认清哀伤，走出哀伤。

下面简单介绍下关于复合的哀伤情绪及其背后隐藏的复合性丧失的相关研究。

第一，哀伤情绪实际上包括许多种具体的情绪成分，比如悲伤、想念、愤怒、内疚和恐惧等。此时，我们需要往下“深挖”，挖掘出这些情绪产生的原因、具体代表的含义以及个体缺失的内容。

第二，认识哀伤复合情绪是为了更好地处置哀伤。举例来说，当丧失属于暴力型死亡时，比如自杀、他杀、致命的意外事故时，丧失者的愤怒感可能会非常强烈并急剧上升，使得对逝者的思念等核心情绪被掩盖。尽管内米耶尔（Neimeyer）的研究提出，基于暴力型的丧失会导致愤怒。但实际上还有很多其他的情况也会导致哀伤者愤怒，如对于归因为天灾或人祸的死亡，人们的愤怒程度是不同的。而在这次新冠疫情中，我们需要注意区分与识别哀伤者对丧失的归因和认知，当其认为是天灾导致死亡时，可能就没有这么多愤怒；但当其认为是人祸导致了死亡，其愤怒情绪将会激烈，这就需要我们特别注意对丧失者（哀伤者）进行认知上的处理。

第三，即便人们经历的是正常的丧失事件，其痛苦中也可能混杂着许多其他情绪，而不仅仅是那些直接与死亡事件相关的感受。比如对于一个哀伤者，其哀伤情绪看似是因为失去了重要的人所致，但其中还裹挟了其他的东西，使得哀伤者情绪被放大，且烈度高，持续时间长，最终导致其被情绪击垮，需要干预。

这里分享一位心理学家与他的金毛犬“小饼干”的故事。“小饼干”在7岁时患癌症去世了，这位心理学家对此感到无比悲伤和心碎。在金毛犬离去之前，他尽了一切努力来帮助狗狗，他问自己：已经尽力了，本应没有遗憾啊，为什么我还是感到心碎？作为一个心理学家，他开始自我觉察——“我已经做了能做的一切，但我真的是为了‘小饼干’吗？当我想到‘小饼干’的时候，我想到的是在过去的时光里，每天早晨的阳光照进房间时，‘小饼干’跟我的孩子一起扑到我的床边，叫我起床，那是多么美好的旧时光啊！”思考后，这位心理学家发现，他真正喜欢的是那个时光带来的温暖。同时他也意识到，孩子们也正在长大离开，再也不会扑到父母的床前叫“早上好”了。而孩子们长大与自己逐渐分离的心酸感裹挟在了丧失狗狗的痛苦里，所以狗狗的离去搅起了他内心的失落。因此，这位心理学家发现，在“小饼干”离世的事件中自己有两部分情绪，第一部分是因为“小饼干”去世了，第二部分是曾经欢乐的亲子时光没有了。这让他意识到，要珍惜他的亲子时光。比如，他会对自己说：“尽管孩子们的长大离开是一个自然的过程，但至少他们现在还在我身边，还没有上大学，虽然他们早晨不会再扑到我床前来叫早，但我可以在周末跟他们有多一点相处的时光。”这样一来，这位心理学家的哀伤情绪就会减轻许多。

下面我们来看区分与识别复杂哀伤的步骤。

第一步是请对方描述一下丧失的经验和目前的状况。我们要促进自助，就要教给他这样的一个步骤，就像刘新宪老师所说的，我们在帮助大规模哀伤的时候，知识的普及是非常重要的。所以我们需要跟丧失者讲这些步骤，请他描述丧失的经验和目前状况，包括谁去世了，失去了谁，或者丧失引发了他什么样的感受。

第二步是识别那些与过去发生的或者预期要发生的事件的相关感受。除了悲伤和想念那个人，你还有其他感受吗？还可能跟什么相关？就像上面提到的心理学家说，他想到“小饼干”的时候，就会想起他和孩子一起在床前玩耍的美好时光。

第三步是拓展上面的那些记忆，以及由你的感受所引发的那些对将来的恐惧。当一个人失去的时候，不是在哀叹过去，他常常还在恐惧未来，哀伤里面裹挟了他对失去的不舍，以及对于未来变动的恐惧。

第四步是区分一下哪些是与你目前丧失相关的感受，哪些是被你过去的经验和对将来的恐惧所强化的感受？你觉得这种感受是否与你的早期经验有关？是否与失去了掌控的恐惧有关，但如果我们有办法去增进你对未来的掌控，你的感觉会不会好一点？

这里再讲一个案例，帮助大家去理解，怎么样去区分复杂情绪及其下面的多重丧失，然后分别处理。

乔安娜，52 岁，女性。她的父亲在几年前因为心脏病去世，尽管她在这之后也能正常生活，而且她还完成了一个令人满意的口述历史项目，但她还是会低落，这种抑郁的情绪常常来袭。然后她就觉得生活没有意义，不知道人生的目标是什么？每次问她的时候，她就会说："是因为我父亲过世了，我太悲伤了。"那几年她都走不出来，还可能患有延长哀伤障碍、抑郁症等。心理咨询师跟她进行了谈话。乔安娜说："爸爸不在了，再也没有人能在我的耳边对我说，'加油，你要不断尝试，敢于冒险，你会做到的，我相信你'这类的话了。"这里体现了两个要素：第一，她再也没有爸爸了。为什么她会哀伤？鲍尔比讲，哀伤是因为失去依恋。第二，她再也没有爸爸对她喊"加油"了。她被人鼓励的需要失去了响应，她恐惧自己再没有往前走的力量了，没有自信了。

在咨询师引导下，她从哀伤中区分出两部分情绪来：失去爸爸的哀伤是一部分，失去爸爸的鼓励和支持功能是另外一部分。接着，咨询师会问她："这一部分父亲的功能谁可以满足？爸爸对你的支持的功能，我们可不可以寻找替代？谁可以帮助你？"她想了想，说："我有一个朋友，非常具有行动力，也很欣赏我，如果她能帮我的话，就能推动我去做。"接下来，她让朋友来帮助她搬家，她的朋友受到邀请便来帮她制订计划，推动她行动。于是，她的生活再次启动了，她也在行动中重新获得了对生活的掌控感，她的哀伤就逐步减轻了。

从以上案例分析可知复杂哀伤的识别与找对因应策略之间的关系。

第二节　"七七四十九"：急性哀伤期的自助工具

接下来我将介绍两个哀伤疗愈的自助工具。先说明注意事项。

第一，这两个工具都是结构化的设计，但都需要进行个性化的使用。每个人的情况都不一样，请按照引导使用。我们这里有引导结构化的设计，但是你也可以不按照引导来使用，你可以跳用，部分不用，甚至全部不用（如果你有更好的工具的话），或者现在不用以后用，都可以。因为你作为使用者才是最重要的，你明白自己的需求。

第二，自助工具的内容涉及一部分向助人者的解释，即使自助者是在进行自助，但是也可能需要我们的帮助。我们的解释要注意尊重对方，因为不论怎么讲，作为工具的发布方和使用协助方，我们对于使用者来说都有一定权威，所以要保持反思，避免滥用我们的专业权威。

第三，因为失去了挚爱、亲爱、友爱，所以短期内看起来反常的一些反应都是正常的。

第一个工具是《49 天心灵陪伴手册》（见图 8－1）。这是孙瑛老师和马凯旋老师编写的，望文生义，这个手册是七七四十九天之内用的。封面上写着“我的失去与思念”。大家可以看到封面上有“四道”——道歉、道谢、道爱、道别。

在这 49 天里面，我们就要完成“四道”工作，这是我们在丧亲者的急性哀伤期或者说哀伤初期要陪伴他们去做的核心工作。

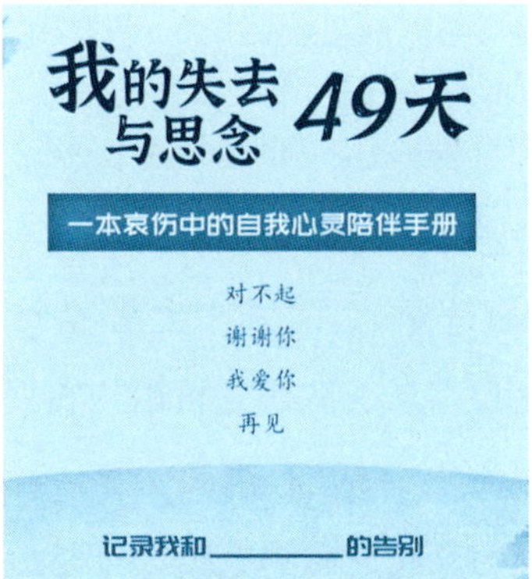

图 8－1 《49 天心灵陪伴手册》封面页

图 8－2 《49 天心灵陪伴手册》尾页

在《49天心灵陪伴手册》的最后一页（见图8－2），编者建议你找一张8开左右的白纸，在上面画下一棵生命之树，代表着经过49天之后，你的生命之树要重新焕发蓬勃生机。你可以用你喜欢的方式任意创作，如果你不擅长绘画，也可以临摹一下上面的画，这里面有根茎、有叶子、有果实、有花草，它们都是生命之树的组成部分，代表着一项重要的生命意义。创作这幅画其实就是自我意向的投射。

第三节　生活正常化："桑格"四月自疗笔记本

第二个工具是由我编写、袁劲草拟的设计稿——"桑格"四月自疗笔记本。这个笔记本的设计原理是什么呢？首先，"四月"是指四个月，我们计划大概在半年的时光里，帮助失去亲人的人，也就是丧亲者走出哀伤。丧失初期，或者说急性哀伤期间的工具有《49天心灵陪伴手册》，后面有我们的这个笔记本。为什么是帮助丧亲者半年呢？这个是我们的理解，具体应用中每个哀伤者走过的时间历程都不同，你完全可以增加到七个月、八个月甚至一年，持续使用这个笔记本。

一、"桑格"设计中的哀伤理论来源

笔记本的设计主要依据的理论是持续性联结、双程模型、意义建构。这里我们简要回顾一下这些理论。

第一是持续性联结理论。什么是持续性联结？这是克拉斯（Dennis Klass）提出的概念。最早弗洛伊德认为我们是可以与丧失亲人带来的哀伤分割开，然后重新开始生活的。亲人已经离去了，我们就忘掉他，然后开始自己的新生活，我们去建立新的联结。可是后来弗洛伊德自己的女儿去世，4岁的小孙子也去世，他自己也得了癌

症，经受各种“丧失”后，他说：“我得癌症的痛，远不如我失去亲人的痛。”如此，大家逐渐都认识到，丧亲的哀伤其实是不能通过分割来处理的。所以学者们就提出说，在世者和离世者不用分割开，我们其实可以跟离世者一直保持精神上的联系。如克拉斯提出，我们要重新理解哀伤，哀伤是不可否定、割裂的，但是这也没那么可怕，我们带着哀伤依然可以正常地生活。

第二是双程模型理论。举个例子，一个失去孩子的妈妈，她说她每天感觉在两个分裂的空间生活，她忙工作的时候就忙工作，她一不忙工作，脑子里面马上就侵入她孩子的影像，所以说她就会感受到巨大的痛苦。但是她一会儿痛苦，一会儿又要去工作，然后工作完了又开始痛苦，如此来回震荡。后来人们发现，人在哀伤里面有两个导向，一个是丧失导向，一个是恢复导向。

丧失导向是指当事人关注失去，如一个失去孩子的母亲总是想“我失去了孩子，生活还有什么意义?”“他多可爱，但我失去他了；为什么是我失去了孩子，上天为何对我如此不公平?”恢复导向是指当事人专注于生活的转变，内心的声音是“我要工作”“我需要做事情”“他（逝者）也希望我快乐地生活着”。

在这里，为了便于大家理解，我更愿意叫它双声部模型。“双声部”就是有高声部，有低声部，有主旋律，有辅旋律。我们在不同的阶段里，我们对逝者的思念和哀伤与我们想做好自己、想恢复生活，这两个部分是共存的。但是，在第一阶段，可能哀伤占据主旋律，我们想正常化是辅旋律。两个月、三个月、四个月之后，我们就会倒转过来，辅旋律变成主旋律，即生活正常化变成主旋律，而哀伤转变为辅旋律。所以在这个意义上，我称之为双声部模型，是为了更形象地表达这种丧失后哀伤者不仅有哀悼和正常化两部分生活，在其中来回震荡的状态，而且二者占据哀伤者生活的相对比例是动态变化的，不同阶段是有主次之分的。这是双声部模型相比双程模型的不同特点与推进之处。当然，这尚不成为一个学术概念。对应地，我们在笔记本的设计里有一个部分是“思念你”，代表着我们允许丧亲者悲伤、抒发思念等，与逝者保持持续性联结。也有“我今天该做什么事”“我今天做成了什么事”的结构化栏目设计，以体现哀伤辅导过程中的恢复导向。

第三是意义建构理论，它对于哀伤者、丧亲者等杜绝自杀、维持生命之火非常重要。弗兰克尔著名的意义疗法有一些基本的原则是：第一，无论在什么情况下生活都是有意义的，即使是最悲惨的生活；第二，我们生活的主要动力是我们拥有在生活中找到意义的意愿；第三，我们拥有自由去寻找意义；第四，人难以从自身去寻找生命的意义，而需要到外部世界去寻找。

那么，如果要帮助哀伤者构建意义的话，我们就要帮助他与外界建立联系。尤其在最黑暗的时候，人更应该寻找对自己有积极作用的人生意义。可是外部世界那么大，究竟如何寻找意义？我们可以用意义中心疗法去寻找启示。有两位学者——利希滕塔尔（Lichtenthal）和布赖特巴特（Breitbart）——为帮助哀伤者寻找意义，开发了一系列课程，叫作个人意义中心心理疗法。

他们指出，将人的创造力和责任感投入生活，那就是一个意义源。心理学家弗兰克尔是纳粹集中营里的幸存者，当时很多人死去，而他幸存下来，活着走出了纳粹营，然后写出了《生命的意义》，启发了全世界很多人。支撑他在纳粹集中营存活下来的意义是什么呢？他说那是因为他有一个重要的心理学理论还没发布，他想自己一定要把那本书、那个理论写出来，所以一定要努力活到最后，直至完成使命。正是他的这种对于人类知识积累的责任感和创造力，赋予他在极端恶劣的纳粹集中营中千方百计保存自己的力量。他选择保存自己，无论如何也要保留自己的生命，就是受到这个“意义”牵引的坚定的决定。

此外，生命的意义源自把爱、大自然和幽默与我们的生活联系起来，我们要让哀伤者去体会爱、自然、幽默等。爱是双向的，我们体会别人的关怀，同时我们也体会输出爱，然后得到别人的反馈和赞赏。我们通过体验爱、大自然的美妙和幽默来理解生命的意义与对生命意义建构的重要性。所以我们在笔记本的设计里有一个部分——“我与这个世界的联结”。这一部分分三个主题：“你看大自然/美好的大自然”“我与他人（他人帮助我＋我帮助他人）”“我想做件事/我有一个目标”。

特别要提的是，“桑格”四月自疗笔记本里还有一部分就是“今天我做了这些事”，这相当于完成时态的“To do list”，提醒哀伤者完成这些工作，这就是对“生活正常化”理论的实践。

二、“桑格”四月自疗笔记本设计理念

“桑格”四月自疗笔记本的扉页上写着“______，我带着你的爱去生活——‘桑格’四月自疗笔记本使用说明”。为什么叫“桑格”？“桑格”脱胎于我们原来的一个产品，它是“行走的社工”团队一起设计的，针对大学校园抑郁情绪治疗的一个工具，那也叫“桑格”，这里继续沿用这个品牌。因为“桑”同“丧”谐音，“桑”上部是三个又，又又又，代表被帮助者的情绪会起起伏伏，而不是直线演进的；另一层含义是“桑”代表桑树，桑树是一种平凡的树，但桑树自有它的力量，是一棵树的力量。而“格”代表着这个笔记本的设计思

路是用一种结构化的方式，通过引导被助者用笔记本来结构化自己的生活，用“格子”的方式来管理每日生活。就好比把生活和每日的关注隔成几格，你每天就像回答问题一样，来填这些格子的答案，你就会去想这些问题，会聚焦关注这些问题，从而让你不至于每天只是被悲伤淹没。

接下来我们具体看看哀伤自疗笔记本的使用说明。这是一款治疗的笔记本，本意是称为“日记本”，意思是哀伤者当每日使用，但后来决定采用“笔记本”的称谓，用意是鼓励哀伤者即使某天或某两天都没做到记录也没关系，继续写就是了，不用承受“日记”带来的期待压力。这个笔记本是为 2020 年因疫丧亲者特别定制的，是我们“行走的社工”团队开展实务应用的成果之一。其实，它在更广泛的意义上也适用于一切丧失导致的哀伤或悲伤情绪，既可以针对失去亲人的哀伤，也可以用于失去陪伴我们多年的宠物、失去一段刻骨铭心的关系的哀伤等情况。

各种丧失有其差异性，但也有其一致性，对于丧失者来说，丧失感和随之而来的伤痛都可能对我们的精神健康造成影响，部分损害我们的社会功能。所以我们需要好好陪伴自己走过一段哀伤的时光，再重启新一阶段的生活。

为什么有的哀伤我们要干预，有的哀伤不干预？边界在哪里？当然我们有各种量表去测量，但如果不用量表，我们是不是可以有一个简单的观察和判断？有一条重要的标准，就是哀伤情绪是否损害了我们的社会功能。如果哀伤损害到社会功能了，那么哀伤情绪就需要干预，哀伤者就需要帮助，或者是他需要一本我们的哀伤自疗笔记本——《49 天哀伤陪伴手册》或“桑格”四月自疗笔记本。

我们以促进丧失者的“生活正常化”为目标，融合了哀伤疗愈中的持续性联结、意义疗法、双程模型、四任务模型、认知行为疗法等理论，设计了这款笔记本，用于丧失者的资助疗愈。

笔记本的使用既是记录，也是引导。在笔记本的主体记录部分，我们希望通过每天的“三格”设计——“思念你”“今天我做了这些事”“我与世界”——来结构化丧失者每天的关注点。这既给予你空间尽情地表达思念，也引导你关注眼前现实的生活任务，同时指引你看见世界的美好，我们与他人建立新的联结的可能，我们对这个世界的价值。

这些都能帮助你走出哀伤，看到希望。如果你的生活里发生了令人备感伤痛的伤心事件，请你跟随笔记本的设计，每天以笔为媒，书写你的思念，整理你的思路，也整理你的生活，然后在经过四个月到半年对哀伤思念的整理之后，带着对逝者的思念和祝福，重启生活。

下面是笔记本正文的使用说明。

笔记本设计了四个月的记录空间，简称一月、二月、三月和四月。你可以从任何时候开始使用。笔记本的内部构成包括周目标、每日日记页面和月信。周目标是帮助我们做计划，但是最开始我们可能写不出来，可能你会说，我的计划就是哭一个星期。那在最开始就可以把它写下来，就写“哭一个星期”。但是随着时间慢慢流逝，每次你看到这个周计划，就会开始想：我真的要开始写周计划了，不能每周都是哭一周，对吗？这样，你的计划就会被引导出来。

“桑格”笔记本就像一个人，每一天、每一周都在提醒你要写周计划，慢慢你也会受到引导。周计划的页面下面有一些引导语，比如在第一个月的第一周周计划页面，底下有一段文字说明。“我们一直强调，‘桑格’笔记本不是一个拐杖，它更像是你的朋友，倾听你的思念、庆祝，体会你的哀伤，悲悯着你内心的无助与害怕，安抚着你的愤怒，也指给你看你与逝去的人共同生活的世界里的善良、爱和未来可能的希望。”周计划下面的这些引导语，希望能够表达出你的心情，引领着你去看、去想。

接下来是日记页面，由三个部分构成。

第一部分是“思念你”，是表达对逝者的思念，对失去感到哀伤等情绪，也回忆逝者，对于闪回的画面，就通过书写来疏导情绪。第二部分是“今天我做了这些事”。第三部分是“我与世界”，其中“我与世界”也分了三个子部分，即也由三格构成。前面我们在个人意义中心疗法里谈到了要去感受大自然、感受他人、感受自己创造了什么。那在“桑格”笔记本里，前两个月你可以努力地去思考我想做哪些事，但是到了第四个月，我们就希望你能够回答具体的目标，给出具体的答案。“桑格”笔记本就试图通过这样的设计一步一步地引导你去感受四季的风光、大自然的美好，并且与他人建立新的联结，感受我们与他人之间的善意与爱，为自己的生活设立或长或短、或大或小的目标，进而打开可能被哀伤禁锢的思维和关注。

从理性上我们都知道失去的已经不可追回，我们最好放下过去，面向未来重建生活。但可能令人惊讶的是，事实上不少人会沉溺于哀伤中，不想走出来。这就关系到本讲刚开始提到的对哀伤的识别。有的时候我们把哀伤作为借口，不想去面对明天，面对生活中的困难。他会告诉别人：“这个任务我完成不了，你不要强迫我好起来，我们家里有新冠病人。”“你不知道我经历了什么（家人感染新冠病毒离世），我太难过了。”“你不懂我的难过。”这是真实的，但也可能不是全部的真实。哀伤是一个复杂的情况，大家要区分不同的哀伤。还要提醒大家学会开放地看待哀伤，也就是帮助哀伤者认识到我们依然拥有那些值得感激的事情，我们带着思念，也可以逐渐正常化我们的生活，这是总体的工作方向，但是当然要注意这种信息的传达要用合适的方式以及在适当的时机表达。

接下来就是“月信”部分，这个设计是为了促进哀伤者对自己过去一个月行为表现的总结。

月信是每个月一封，可以写给逝者、自己或者其他人。我们的建议是，第一个月给逝者写信。比如：“××你好，你还好吗？你离开我 25 天了，我就哭了 25 天，接下来我还要不要哭？”第二个月可以给自己写信问候：“你还好吗？你怎么样了？逐渐不哭了，可以好好吃饭、睡觉了，你做得不错，请继续努力。”第三个月就可以给朋友写信，讲述我们对逝者是什么感受，讲述自己做了些什么，这个时候哀伤者就已经开始和外界建立联结。第四个月可以给这个世界写信，请世界照顾我们所爱的人，感谢这个世界给予我们的善意和爱，以及我将如何带着思念去报答这个世界等。同时，我们建议第四个月的时候再给逝者写一封告别的信，请他安心，因为自己将带着逝者的爱和对他持久的思念，如他所愿去过好未来的日子。月信是不拘于形式的，哀伤者也可以用绘画等方式来表达。

三、“桑格”哀伤四月笔记本应用示例

以上就是对我们设计的整个指导理念的介绍，接下来我们来看一些示例。这是一月的日记页面，一共有三格。第一格是思念你，可以记录“我的心情是什么样的？”“我是怎样的一个人？”还可以早晨起床的时候写一下今天要做什么事情，晚上在完成的事情前面打钩。除此之外还有“我与这个世界”“你看大自然”“我与他人”等模块。在“我与他人”这里，因为是第一个月，难免会有抱怨，比如“别人对我不友善、歧视我”，或者“我们家有新冠病人去世”等，这些都是

对这个世界的感受，即使是“今天有人好像在对我翻白眼”这样的记录都可以写下来。

在一月的第二个周目标这里，引导语这样说：

“我失去了我所爱的人，我现在很伤心、绝望、愤怒、孤独，这都是自然的，我需要时间，有些人不一定理解我，那也很正常。我们情况不同。”

“我感觉到孤独，还好有你在这个笔记本里陪着我，听我倾诉，谢谢你！”

这是告诉哀伤者，逝者即使逝去了，但从过去到现在，逝者都在给他支持，而且这种支持是日积月累的。

接下来到了第三周，周计划在引导哀伤者：

“不论怎样，我都要照顾好自己的健康，我想喝汤就喝汤，我爱吃‘垃圾食品’，那就……吃一点。”

“我要好好睡觉。我要调个晚上十点半的闹钟，如果闹钟响，不管怎样，我都要上床睡觉。”

当我们非常哀伤，什么都不想做的时候，最起码要吃饭、要睡觉，要保证自己的健康，这是生活正常化的基础。这些引导语就是来温柔地提醒你，潜移默化地引导你的。

现在来到了第二个月。二月的目标和一月就不一样了——“你离开后我究竟失去了什么?”“我到底在害怕什么?”这些问题都需要哀伤者好好思考。因为在第二个月的时候，哀伤者就恢复了一些理性和理智，开始思考自己究竟失去了什么。比如失去了父亲，就失去了亲密的依恋，也失去了支持的动力。在二月的笔记页，你的思念就化为你们一起做过的事情、你和朋友一起做过的事情。这个时候你的世界就被划分成了两部分，一部分是你帮助的人，一部分是帮助你的人，这是一个双向的互动。在二月的周记里，哀伤者就可以试着出去走一走，特别是在屋子里待了两个月之后，去看看外面的鸟语花香、叶绿树高，看看野猫翻垃圾桶，甚至是猫叫狗跳等这些有趣的景色。如果觉得身体逐渐恢复力气，还可以尝试一下小跑。我们前面讲，身心相通，如果开始这一步，就代表着哀伤者有意识要恢复身体的活力了，此时情绪也会更加振奋。接下来我们要怎么写？

“对于我所害怕的，我能去做点什么，一点一点地去改变吗？”

“如果我去改变遭遇了挫折，我该怎么办？对了，我还是拥有你的爱，那会给我力量，——你走了，这爱就永恒了。”

想到这里，我们是不是能在哀伤里面感受到温暖和美好？请记住，当你回忆他的时候感到痛苦，那就是还没有走出哀伤，或者还没有处理好，没有整合好。但是如果你回忆他的时候逐渐感受到温暖，那就是一个你从哀伤中恢复的现象。

到第三个月的时候，我们就开始关注到我拥有什么。“多幸运，尽管我那么难过，但我依然健康。”这个时候大家看到是我与这个世界都变了，我帮助的人和帮助我的人，这个时候我的主体性就增强了。

“你该放心，我有饭吃，我有衣服穿，如果我还有余钱，我要去做点什么呢？如果我的钱不够，我要考虑去挣钱了吧。”——所以这个时候就要引导哀伤者去逐渐恢复正常生活了。

“失去你我那么悲伤，但我想象了一下，现在，如果你还在的话，我们在做什么呢？就是那样的重复过的、熟悉的日子。”——是这样吗？你想想，当初他在的时候，我们的日子就是那样子的，是不是？我们不要被这种悲伤的情绪所裹挟，未来的日子我们可以换一种方式去继续过去的美好。

进入第四个月。

甘地说过："你的信仰成为你的思想，你的思想成为你的语言，你的语言成为你的行为，你的行为成为你的习惯，你的习惯成为你的价值观，你的价值观成为你的命运。"因此，积极的认知是改变一切的起点，这同样也适用于哀伤疗愈。

这是一位失去孩子的母亲的诗："你能原谅我吗？我还活在世上，在这尘世之旅，你不能与我为伴，那么，你能否永居我的心间，为我祝福。"可是如果我们用更积极的语言，会怎样呢？比如可以是"亲爱的孩子，人们说，离去的人只要被怀念着，就不会真的消亡，那么他只是换了个地方过快乐的日子。亲爱的孩子，别担心，我会一直记得你，我们在不同的地方各自过着快乐的日子。你已经在快乐地过了吗？如果我现在还做不到，没关系，我慢慢就会做到了。"在这里会推荐大家让哀伤者去观看《寻梦环游记》，里面给我们提供了关于彼岸的想象，有治愈作用。

我们一般都认为自己的亲人离世后是去了天堂吧？在天堂，他们当然是在那里享受着快乐的时光，是吗？难过的其实只是我们自己罢了。读到这样的话，你是不是感受到了希望，即将从被哀伤笼罩的日子里走出来，开始拥抱正常的生活？

当然这都是提供的选项罢了，在特定的时间里，有的丧亲者能接受前者，有的能接受后者。应用要看具体情况。

第四节　总结：生活向前，祝福中国

2020 年，这是一段艰难的旅程，有一天我的朋友发给我一句话："Can we uninstall 2020 and install it again? This version has a virus."（我能现在重装 2020 吗？这个版本有了病毒。）

我这样回复他：“Detect your 2020 infected by virus. Suggest you install a plugin named ‘LOVE’ to clean it. Reminder, the LOVE plug-in installation takes time, so be patient.”（侦测到你的 2020 感染了病毒，那么建议你安装一个插件，这个插件叫“爱”。但是爱的插件的安装很耗时间，所以你要有耐心。）

刘新宪老师曾说：“重大的丧失是一个悲剧事件，但是人生是一条河，这是人生故事的一部分，生命要继续，不能因此而停滞。”

今天任老师接着说：“如何向前？‘悲伤逆流成河’，我们以爱为舟。”

如果我们要以爱为舟，但爱需要时间，所以我们要对自己多一点耐心，花一些时间去做一些事。如学习哀伤辅导系列课程，如每天花时间写一些生活的笔记，从《49 天心灵陪伴手册》开始，然后是“桑格”四月自疗笔记本。

度过人生是一个过程，一些我们爱的人先完成他们来这世间的这趟旅程。每个人都有自己的“旅行”方式和结束方式，无论如何，当他们离去，我们对他们说爱，感谢他们曾经给予我们的爱和启示，亦祝福我们自己前方未尽的旅程。

参考文献

一、中文文献

[1] [美] 查尔斯·科尔，克莱德·内比，多娜·科尔. 死亡课：关于死亡、临终和丧亲之痛 [M]. 6版. 榕励，译. 北京：中国人民大学出版社，2011.

[2] 陈维樑，钟莠筠. 哀伤心理咨询：理论与实务 [M]. 北京：中国轻工业出版社，2006.

[3] 程明明. 积极意义与生命教育：理论、测量与实务 [M]. 北京：中国社会科学出版社，2015.

[4] [澳] David W. Kissane，Francine Parnes. 家庭居丧期关怀 [M]. 唐丽丽，译. 北京：北京大学医学出版社，2018.

[5] [美] 琳恩·安·德斯佩尔德，艾伯特·李·斯特里克兰. 最后的舞蹈：邂逅死亡与濒死 [M]. 9版. 陈国鹏，译. 上海：上海人民出版社，2013.

[6] [美] 卡尔·R. 罗杰斯. 卡尔·罗杰斯论会心团体 [M]. 北京：中国人民大学出版社，2006.

[7] 李闰华. 安宁疗护社会工作 [M]. 台北：洪叶文化，2013.

[8] 刘新宪. 哀伤疗愈 [M]. 北京：中国人民大学出版社，2021.

[9] [美] 罗伯特·内米耶尔. 哀伤治疗：陪伴丧亲者走过幽谷之路 [M]. 王建平，何丽，闫煜蕾，等译. 北京：机械工业出版社，2019.

[10] [美] 迈克尔·雷明，乔治·迪金森. 温暖消逝：关于临终、死亡与丧亲关怀 [M]. 庞洋，周艳，译. 北京：电子工业出版社，2019.

[11] [美] 欧文·D. 亚隆. 存在主义心理治疗 [M]. 黄峥，张怡玲，沈东郁，译. 北京：商务印书馆，2015.

[12] [美] 欧文·D. 亚隆. 直视骄阳：征服死亡恐惧 [M]. 张亚，译. 北京：中国轻工业出版社，2015.

[13] 舒跃. 中国民间夭折幼儿丧葬习俗研究 [D]. 云南大学，2008.

[14] [美] 特斯兰，里瓦斯. 小组工作导论 [M]. 刘梦，等译. 北京：中国人民大学出版社，2010.

[15] 王建平，刘新宪. 哀伤理论与实务：丧子家庭心理疗愈 [M]. 北京：北京师范大学出版社，2019.

[16] [美] 沃登. 悲伤辅导与悲伤治疗：心理卫生实务工作者手册 [M]. 李开敏，林方皓，张玉仕，等译. 台北：心理出版社，2011.

[17] [美] 亚隆，等. 团体心理治疗：理论与实践 [M]. 李敏，李鸣，译. 北

京：中国轻工业出版社，2010.
[18] 闫博，周燕雯. 预期性哀伤及其应对：对家属照料者的质性研究初探[M] //创新与未来：前行中的广东省医务社会工作. 广州：中山大学出版社，2016.
[19] 朱为民. 人生的最后期末考：生命自主，为自己预立医疗决定 [M]. 台北：商周出版，2018.
[20] 程明明，樊富珉. 生命意义心理学理论取向与测量 [J]. 心理发展与教育，2010，26 (4)：431 - 437.
[21] 程明明，樊富珉，彭凯平. 生命意义源的结构与测量 [J]. 中国临床心理学杂志，2011，19 (5)：591 - 594
[22] 刘慧铭，肖水源. 危机干预热线的发展及研究简介 [J]. 中国临床心理学杂志，2012，20 (1)：129 - 131.
[23] 杨红，韩丽沙，郭浩明. 死亡焦虑量表的跨文化调适 [J]. 中国实用护理杂志，2012，28 (31)：53 - 57.

二、英文文献

[1] DE SHAZER S，DOLAN Y，KORMAN H，et al. More than miracles：the state of the art of solution-focused brief therapy [M]. New York：Haworth Press，2007.
[2] American Psychiatric Association. Diagnostic and statistical manual of mental disorders [M]. 5th ed. Arlington，VA：American Psychiatric Association，2013.
[3] FRANKLIN C，TREPPER T S，MCCOLLUM E E，et al. Solution-focused brief therapy：a handbook of evidence-based practice [M]. New York：Oxford University Press，2011.
[4] GROLLMAN E A. Bereaved Children and teens：a support guide for parents and professionals [M]. Boston：Beacon Press，1995.
[5] JANOFF-BULMAN R. Shattered assumptions：toward a new psychology of trauma [M]. New York：The Free Press，2010.
[6] KASTENBAUM R，MOREMAN C M. Death，society，and human experience [M]. 12th ed. New York：Routledge，2018.
[7] WALSH-BURKE K. Grief and loss：theories and skills for the helping professions [M]. 3rd ed. Long Grove，Illinois：Waveland Press，2022.
[8] KOSMINSKY P. Mapping the terrain of loss：grief and not-grief [M] // NEIMEYER R，ed. Techniques of grief therapy. New York：Routledge，2012：50 - 52.

[9] HEDTKE L, WINSLADE J. Remembering lives conversations with the dying and the bereaved [M]. Amityville, N. Y.: Baywood Pub. Co., 2004.
[10] PARKES C R. Bereavement following disaster [M] // STROEBE M S, Hanson R O, Schut H, et al eds. Handbook of bereavement research and practice: advances in theory and intervention. Washington DC: American Psychological Association, 2011.
[11] PARKES C M. Bereavement: studies of grief in adult life [M]. New York: International Universities Press, 1972.
[12] PICHOT T, DOLAN Y M. Solution-focused brief therapy: its effective use in agency settings [M]. New York: Routledge, 2013.
[13] NEIMEYER R A. Techniques of grief therapy: assessment and intervention [M]. New York: Routledge, 2012.
[14] SILVERMAN P R. Widow to widow: how the bereaved help one another [M]. 2nd ed. New York: Brunner-Routledge, 2004.
[15] LAYNE C M, PYNOOS R S, SALTZMAN W R, et al. Trauma/grief-focused group psychotherapy: school-based postwar intervention with traumatized Bosnian adolescents [J]. Group dynamics: theory research and practice, 2001, 5 (4): 277 - 290.
[16] WORDEN J W. Grief counseling and grief therapy: a handbook for the mental health practitioner [M]. New York: Springer Publishing Company, 2008.
[17] WORDEN J W. Children and grief: when a parent dies [M]. New York: Guilford Press, 1996.
[18] NEIMEYER R A. Techniques of grief therapy: assessment and intervention [M]. New York: Routledge, 2016.
[19] ABDEL-KHALEK A M. Single-versus multi-item scales in measuring death anxiety [J]. Death studies, 1998, 22 (8): 763 - 772.
[20] BOSCARINO J A, FIGLEY C R, ADAMS R E. Compassion fatigue following the September 11 terrorist attacks: A study of secondary trauma among New York City social workers [J]. International journal of emergency mental health and human resilience, 2004, 6 (2): 57 - 66.
[21] BRIDDON J, BAGULEY C, WEBBER M. The ABC-E Model of emotion: a bio-psychosocial model for primary mental health care [J]. The journal of mental health training, education and practice, 2008, 3 (1): 12 - 21.
[22] BROOK N, PAMELA B. I wasn't ready to say goodbye: surviving, coping and healing after the sudden death of a loved one [M]. Naperville:

Sourcebooks, Inc., 2008.
[23] CALDERWOOD K A, ALBERTON A M. Consoling the bereaved: exploring how sympathy cards influence what people say [J/OL]. OMEGA — Journal of death and dying, 2022-01-26 [2022-04-01]. https://journals.sagepub.com/doi/epub/10.1177/00302228211065958.
[24] CARSON J, GUNDA A, QASIM K, et al. Losing a loved one during the covid-19 pandemic: an on-line survey looking at the effects on traumatic stress, coping and post-traumatic growth [J/OL]. OMEGA — Journal of death and dying, 2021-10-13 [2022-04-01]. https://doi.org/10.1177/00302228211049683.
[25] COCKER F, JOSS N. Compassion fatigue among healthcare, emergency and community service workers: a systematic review [J]. International journal of environmental research and public health, 2016, 13 (6): 618.
[26] EISMA M C, SMID G E, BOELEN P A, et al. Acute grief after deaths due to COVID-19, natural causes and unnatural causes: an empirical comparison [J]. Journal of affective disorders, 2021, 278: 54-56.
[27] FRALEY R C, SHAVER P R. Loss and bereavement: Attachment theory and recent controversies concerning "grief work" and the nature of detachment [M] // CASSIDY J, SHAVER P R. Handbook of attachment: theory, research, and clinical applications. New York: The Guilford Press, 1999: 735-759.
[28] BONANNO G A, KALTMAN S. The Varieties of Grief Experience [J]. Clinical psychology review, 2001, 21 (5): 705-734.
[29] IRWIN H J. The depiction of loss: uses of clients' drawings in bereavement counseling [J]. Death studies, 1991, 15 (5): 481-497.
[30] ISIKHAN V, COMEZ T, DANIS M Z. Job stress and coping strategies in health care professionals working with cancer patients [J]. European journal of oncology nursing, 2004, 8 (3): 234-244.
[31] LEWIS J E. Death anxiety handbook: research, instrumentation and application [J]. Journal of anxiety disorders, 1995, 9 (4): 351-352.
[32] KEYES K M, PRATT C, GALEA S, et al. The burden of loss: unexpected death of a loved one and psychiatric disorders across the life course in a national study [J]. American journal of psychiatry, 2014, 171 (8): 864-871.
[33] KIM J S. Strengths perspective [C] // MIZRAHI T, DAVIS L E. Encyclopedia of social work (20th ed., vol. 4). Washington, DC and New

York: NASW Press and Oxford University Press, 2008: 177 - 181.
[34] KLASS D. Handbook of bereavement research and practice: advances in theory and intervention [J]. Mortality, 2009, 14 (4): 370 - 373.
[35] LEHMAN D R, ELLARD J H, WORTMAN C B. Social support for the bereaved: Recipients' and providers' perspectives on what is helpful [J]. Journal of consulting and clinical psychology, 1986, 54 (4): 438 - 446.
[36] LEVKOVICH I, ELYOSEPH Z. "I don't know what to say": teachers' perspectives on supporting bereaved students after the death of a parent [J/OL]. OMEGA — Journal of death and dying, 2023, 86 (3): 945 - 965.
[37] DAVIS D L, STEWART M, HARMON R J. Perinatal loss: providing emotional support for bereaved parents [J]. Birth, 1988, 15 (4): 242 - 246.
[38] MCGOLDRICK M, WALSH F. A Time to Mourn: Death and the Family Life Cycle [M] //MCGOLDRICK F. Living beyond loss: death in the family. New York: W W Norton & Co, 2004: 27 - 46.
[39] MOON H. Pre-conference workshop: making progress visible for learners of solution-focused dialogue [R]. Budapest, 2019.
[40] MCNALLY R J, BRYANT R A, EHLERS A. Does early psychological intervention promote recovery from posttraumatic stress? [J]. Psychological science in the public interest, 2003, 4 (2): 45 - 79.
[41] MEYER A C, OPOKU C, GOLD K J. "They say I should not think about it": a qualitative study exploring the experience of infant loss for bereaved mothers in Kumasi, Ghana [J]. OMEGA — Journal of death and dying., 2018, 77 (3): 267 - 279.
[42] LEMING M R.. Religion and death: a test of homans' thesis [J]. OMEGA— Journal of death and dying, 1980, 10 (4): 347 - 364.
[43] MILLER G, SHAZER S D. Emotions in solution-focused therapy: a re-examination [J]. Family process, 2000, 39 (1): 5 - 23.
[44] DAVIDOWITZ M, MYRICK R D. Responding to the bereaved: an analysis of "helping" statements [J]. Death education, 1984, 8 (1): 1 - 10.
[45] PARKES C M. Bereavement following disasters [M] // STROEBE M S, HANSSON R O and SCHUT H, et al. Handbook of bereavement research and practice: advances in theory and intervention Washington, DC: American Psychological Association, 2008: 463 - 484.
[46] POTTER P, PION S, GENTRY J E. Compassion fatigue resiliency

training: the experience of facilitators [J]. The journal of continuing education in nursing, 2015, 46 (2): 83-88.
[47] REDINBAUGH E M, SULLIVAN A M, BLOCK S D, et al. Doctors' emotional reactions to recent death of a patient: cross sectional study of hospital doctors [J]. BMJ, 2003, 327 (7408): 185.
[48] ROSENBLATT P C, WORDEN J W. Children and grief: when a parent dies [J]. Journal of marriage and the family, 1998, 60 (1): 266.
[49] SACCO T L, CIURZYNSKI S M, HARVEY M E, et al. Compassion satisfaction and compassion fatigue among critical care nurses [J]. Critical care nurse, 2015, 35 (4): 32-42.
[50] STROEBE M, SCHUT H, BOERNER K. Cautioning health-care professionals: bereaved persons are misguided through the stages of grief [J]. OMEGA-Journal of death and dying, 2017, 74 (4): 455-473.
[51] STROEBE M S, STROEBE W, HANSSON R O, et al. Handbook of bereavement research [J]. Death studies, 2001, 26 (4): 357-363.
[52] STROEBE M, STROEBE W. Grief and bereavement [M] //Encyclopedia of Human Behavior. Amsterdam: Elsevier, 2012, 179 (3): 268-275.
[53] SUNG J, MAYO N, WITTING A B. A theoretical investigation of postmodern approaches used in medical settings: solution-focused brief therapy [J]. The family journal, 2018, 26 (2): 200-207.
[54] TEMPLER D I. The construction and validation of a death anxiety scale [J]. The journal of general psychology, 1970, 82 (2): 165-177.
[55] THIMM J C, KRISTOFFERSEN A E, et al Ringberg U. The prevalence of severe grief reactions after bereavement and their associations with mental health, physical health, and health service utilization: a population-based study [J/OL]. European Journal of Psychotraumatology, 2020, 11 (1): 1-13 [2022-04-01]. https: //doi. org/10. 1080/20008198. 2020. 1844440.
[56] TREPPER T S, DOLAN Y, MCCOLLUM E E, et al. Steve de shazer and the future of solution-focused therapy [J]. Journal of marital and family therapy, 2006, 32 (2): 133-139.
[57] SCOTT T. Sudden death in emergency care: Responding to bereaved relatives [J]. Emergency nurse, 2013, 21 (8): 36-39.
[58] ZHANG A, FRANKLIN C, CURRIN-MCCULLOCH J, et al. The effectiveness of strength-based, solution-focused brief therapy in medical settings: a systematic review and meta-analysis of randomized controlled

trials [J]. Journal of behavioral medicine, 2018, 41 (2): 139 - 151.
[59] FIGLEY C R. Compassion fatigue: coping with secondary traumatic stress disorder in those who treat the traumatized [M]. NewYork: Routledge, 2013.
[60] DUARTE J, PINTO-GOUVEIA J. Empathy and feelings of guilt experienced by nurses: A cross-sectional study of their role in burnout and compassion fatigue symptoms [J]. Applied nursing research, 2013, 35: 42 - 47.
[61] DEDECKER J. "Compassion fatigue" is a misnomer: how compassion can increase quality of life [J]. Creat nur, 2020, 26 (4): 246 - 252.

后记

哀伤辅导系列课程执行力量为华中科技大学的“行走的社工”社会工作团队。正是这支二十多人的团队每日不断线的公益劳动投入，保证了哀伤辅导二十讲课程在疫情期间得以顺利进行。

该团队成立于 2019 年 3 月，缘起于华中科技大学的任敏老师在课堂上的教育实践，她积极倡导同学们在生活中践行社会工作专业理念，随时随地、随情随境，依据专业价值行事，有效亦有益、自助亦助人，持续地输出关爱与支持，促进社会正义与幸福。同名微信公众号于 2019 年 3 月 31 日正式上线。“行走的社工”团队的主体是任敏老师所带的社会工作硕士研究生和本科生，在疫情期间，团队也加入了热心的社会志愿者。

应“疫情救助中的哀伤辅导实务课程”制作需要，团队被分为 6 组。

（1）文字整理，负责收集授课讲师信息，整理课程逐字稿和简练稿，撰写微信公众号推文。参与者包括陈美言、郑先令、朱佳成、高颖、李琳、向亮萤、张雨欣、韩婧怡、徐文瀚、余虹璇、王思敏、彭永佳。

（2）公众号组，负责推文的编辑和排版，参与者包括侯思怡、鲍晶晶。

（3）宣传组，负责课程海报制作、课程推广与宣传、直播平台测试以及直播课程录制，参与者包括胡文静、李春燕。

（4）群运组，负责管理和运营课程微信群，参与者包括胡文静、韩婧怡、张雨欣、吴天啸。

（5）综合协调组，总体协调各组工作，由郑先令负责。

（6）技术衔接，由房宋负责。

其中，房宋，武汉大学 2011 届级社会学本科毕业生，现任武汉守明科技技术负责人；李琳，武汉大学 2013 届社会学本科生，现任职于维沃移动通信有限公司；高颖，华中科技大学 2018 届社会工作硕士，现为自由职业者；彭永佳，英国谢菲尔德大学硕士，现为独立策划人；徐文瀚、余虹璇，上海师范大学 2018 级社会工作专业本科生。其他同学皆为 2020 年华中科技大学社会工作专业在读硕士研究生和本科生。值本书出版之际，有的同学从硕士研究生继续升学为博士研究生，如郑先令、王思敏；有的同学从本科生升学为硕士研究生，如向亮萤；有的同学出国留学，如陈美言；其他大部分同学皆已走上工作岗位。

谢谢你们！特此记录，铭记生命里我们曾共同战斗的那段时光，愿诸君行走四方，继续散发爱与勇气的光芒！

任敏

2022 年 6 月 25 日